基业常青

企业文化建设之道

朱坤福 ◎ 著

中国财富出版社

图书在版编目（CIP）数据

基业常青：企业文化建设之道 / 朱坤福著 . —北京：中国财富出版社，2020.1
ISBN 978-7-5047-7013-4

Ⅰ . ①基… Ⅱ . ①朱… Ⅲ . ①企业文化—研究 Ⅳ . ① F272-05

中国版本图书馆 CIP 数据核字 (2019) 第 274509 号

策划编辑	郑晓雯	责任编辑	张冬梅 郑晓雯		
责任印制	梁 凡	责任校对	卓闪闪	责任发行	张红燕

出版发行　中国财富出版社

社　　址　北京市丰台区南四环西路 188 号 5 区 20 楼　　　邮政编码　100070

电　　话　010-52227588 转 2098（发行部）　　010-52227588 转 321（总编室）
　　　　　010-52227588 转 100（读者服务部）　010-52227588 转 305（质检部）

网　　址　http://www.cfpress.com.cn

经　　销　新华书店

印　　刷　廊坊市鸿煊印刷有限公司

书　　号　ISBN 978-7-5047-7013-4/F・3119

开　　本	710mm×1000mm　1/16	版　　次	2020 年 2 月第 1 版
印　　张	18.25	印　　次	2020 年 2 月第 1 次印刷
字　　数	237 千字	定　　价	59.00 元

前　言

现代社会，任何一个组织和企业的领导者，对"文化"这个词都不陌生。这是一个组织和企业的精神所在，也是一个组织和企业不断前进的强大动力。正所谓"五年的企业靠领导，十年的企业靠管理，百年的企业靠文化"。

加强企业文化建设，推动企业提高竞争力是企业创立后的必然选择。企业文化对企业竞争力有着极大的促进作用。通过企业文化建设，企业领导及员工对企业价值观产生强烈的认同感，对企业产生高度的使命感。这是企业文化成为企业发展内在动力的基础。尤其是对于发展成熟、初具规模的企业来说，企业文化的营造和引导更为重要。现代企业已经不仅注重产品质量、品牌，而且注重文化；在管理方面也不仅是经验管理、制度管理，更高层次的是文化管理。所以，在新时代中国经济发展趋势下，建设一流的企业文化，对员工行为和经营管理行为进行规范，从而引领企业持续健康发展，是企业保持基业常青的法宝。

虽然企业文化看似有些抽象，但是企业中每一个员工的行为和处事方式都在被它影响着。企业文化是一个企业的群体习惯，对内可以起到整合作用，形成相同的价值观和思维方式；对外可以通过员工的行为方式，打造品牌的差异化认知。特别是在企业变革时期，不管是改变经营模式、业务结构，还是完善组织结构和管理制度，都蕴涵着文化基因；外部与内部文化、过去与当前的文化都会产生碰撞，从而可能导致文化的破坏性重构。因此，在实施企业变革时更应当足够重视企业文化。

我们已经知道，企业文化是一种无形资产，而且是最重要的无形资产。创建企业文化是一种投资，而且是一种重要的长期投资，是一种回报巨大的投资。那么，企业文化又有什么特征呢？

第一，企业文化是自内而外的，是根植于企业家的人生基因与心智密码。有人说企业是一种"生物"，是企业家人为创造出来的，那么这个"生物"一落地就需要按照一定的客观规律发展。这种发展伴随着企业家自己的追求，这种追求更多是股东（企业家）追求的集合或者缩影，企业家将成长的因子注入企业之中，在某种程度上可以说，企业就是企业家的一个影子，企业家在企业成立之初就为它的命运埋下了种子，塑造了企业的基因。因此，企业家个人的心智模式与人生格局决定企业的长期命运与未来发展状态。

第二，企业文化是自上而下的，源于管理层的思维与行为模式。虽然企业文化体现在企业生产经营过程的点点滴滴，体现在内部管理的各个方面，体现在全体员工的一言一行，但其源头在管理层的思维方式与行为方式。在长期的经营管理中，管理层渐渐形成的思维方式决定了他们的行为方式，而这种行为方式也在感染、影响着企业每个员工的思维方式，员工的思维方式又决定了其行为方式，最终形成了组织的经营风格、管理模式、做事原则，这一切积累成了企业的经营习性、管理习惯与文化氛围。

第三，企业文化是自前而后的，是企业若干年来经营管理的积淀与传承。罗马不是一天建成的，企业文化也不是一时半刻形成的，而是企业历经若干年市场经营与开拓慢慢形成的。企业文化虽然是无形的，但是一旦形成便具有极大的持续传播力。历史决定现在，过去影响未来。所以，企业应该高度重视好的企业文化，要基于现实不断对其进行发扬与创新，使这种精神财富能够不断得到积累与传承。

认识企业文化不容易，而要建设一流的企业文化更是困难重重。当前我国大多数企业的文化建设还处在口头上，企业文化标语化、表面化，真正能够建设起形成集体智慧和团体心智模式的企业文化，还需要迈过无数道坎。笔者写作本书的目的，就是力求从实际操作层面上，对企业文化的本质与核心问题进行归纳、梳理与阐述，尽量生动地分析什么是"企业文化"，企业如何建立自己的企业文化体系，如何以企业文化来提升企业的竞争力。

作为一家企业集团的掌舵人，笔者有近二十年的企业管理实战经验。在本书中，笔者对企业文化落地提出了独特见解，系统阐述了企业文化落地的理论和方法，清晰地展示了企业文化落地的路径，毫无保留地奉献了本人在管理实践中使用的工具方法。当然，口头上说的企业文化好像是一个比较虚的东西。所以，除了正面阐述之外，在本书中笔者还加入了大量的相关案例。案例都是很实际的东西，以实讲虚，使关注企业文化的企业管理者或企业文化工作者，能够轻松掌握与领会企业文化落地与突破的理论内容与方法技巧。由于本书贴近现代企业内部的实际所需，因此也可以作为企业开展内训的基本教材之一。

朱坤福

2019 年 12 月于上海

目录

第四章　企业文化外化于"行"，加深员工具象化认知

第五章　运用好制度的载体，丰富企业文化落实方式

第六章　构建独特的精神文化，塑造企业灵魂和支柱

第七章　树立标杆和榜样，把文化最终沉淀为人格

第八章　做好教育培训工作，加深对企业文化的认知

第九章　借助生动的企业仪式，使员工感受到企业文化

第十三章 正确看待企业文化，当心走进误区

第一章

建设优秀的文化，为企业经营制胜保驾护航

　　一些经营成功的优秀企业，在管理结构和组织体系上与别的企业相比并没有显示出什么特别优越之处，可二者在业绩上的差距相当悬殊。那么，什么是企业成功的关键呢？

　　答案之一是优秀的企业组织内有一种风格独特的文化。换言之，企业成功的原因不仅仅在于拥有好的企业组织结构和体系，也在于拥有优秀的企业文化。

抓住企业经营的灵魂，明确企业文化的本质

　　企业文化作为一种新型企业管理理论兴起于 20 世纪 80 年代初的西方。80 年代中期，企业文化作为一种管理模式被引入我国，"企业文化"一词开始在国内一些报刊上出现，研究企业文化的组织也相继兴起，为企业文化在国内企业中的应用、发展和传播打下了良好的基础。

　　20 世纪 50 年代，日本开始从美国引进现代管理方法；60 年代，日本实现了经济的起飞，创造了连续增长的奇迹；进入 80 年代后，日本经济发展速度有超过美国、欧洲之势，这一显著变化，引起美国政界和企业界的高度关注。究竟是什么力量支撑了日本经济的腾飞，日本成功的奥秘究竟在哪里呢？带着这些疑问、好奇和探究心态的美国学者，从 20 世纪 70 年代末 80 年代初，一批批远渡重洋赴日本考察，研究日本经济腾飞的真正缘由。当初，美国学者考察研究日本经济的兴趣主要集中在企业管理方面，并针对美日两国不同的管理模式进行了全面的比较研究。他们发现：日本企业与美国企业之间的一个最大差别是日本企业的员工有"爱厂如家"的思想，而美国企业的员工却缺乏这种思想。而导致这种不同的原因却是美日两国不同管理模式背后的文化差异。因此，美国学者又把注意力集中在对两国文化的比较研究方面。

　　美国学者的研究和他们决心重塑企业文化的行动，也深深地影响和刺激了日本人。面对美国人对日本企业文化的青睐，日本人发觉自身对企业文化理论的研究相对薄弱。于是，日本学者也展开了一系列深入的研究。也正是在对这些研究成果的学习和传播过程中，企业文

化的概念不仅普及开来，而且各类组织也越来越深刻地意识到企业文化在企业管理中的重要作用。由此向人们呈现的，不仅有学术界层出不穷的研究成果，还有实践领域的经验总结，诸如比尔·休利特和戴维·帕卡德创立的"惠普之道"、杰克·韦尔奇在通用电气公司进行的"文化革命"、戴尔公司以客户为中心的企业文化、沃尔玛的营销文化、微软公司强调的"工作激情""善于学习和独立思考""危机意识"等。在我国，越来越多的企业也认识到企业文化的重要作用，在实践中勇闯新路，不断探索企业文化建设的有效途径，并取得了令人欣喜的成果。例如，联想的创新文化、华为的"狼文化"，尤其是海尔创造的具有中国特色的"H理论"，其核心是主动变革内部的组织机构，使其适应员工的才干和能力，最终实现人企共赢，这一文化帮助海尔走向了世界。

那么，企业文化的本质到底是什么？国际著名管理咨询专家埃德加·沙因的文化三层次理论可以帮助我们进行系统理解。沙因认为，文化有三个层次：第一层是人工制品，第二层是信仰与价值，第三层是基本隐性假设和价值。

我们进入一个组织，首先也是最容易观察到的就是这个组织的建筑、环境气氛、产品、仪式、活动等，正好与文化三层次模型中的第一层相对应。这一层次的文化看起来非常直观、清晰，然而，我们并不了解这样的环境氛围是怎样产生的，为什么组织成员会表现出这种行为，为什么产品要以这种形态呈现。我们无法仅凭看到的这些表象来定义其在特定的组织群体中所代表的意义，因而第一层并不能代表组织的文化内涵，仅仅是企业文化的外在表现。

对企业进行深入观察和了解，可以收集到更多有关企业的愿景、使命、价值观和原则的资料与信息。因为人们的很多行为往往都是受价值观支配的，一旦我们理解了许多属于组织表现层面的行为依据，比如，为什么要举行这样的仪式，办公环境为何这样布局，公司的行为规范、管理制度和福利体系为什么这样设计，等等，我们就可以通过这些认识获得对公司价值的判断。这就是企业文化的信仰与价值。

但是，如果这些价值观仅仅表现为理念或口号、标语，我们还是无法判断这些行为背后真正的驱动因素，必须进行深入的假设性挖掘，找出这些行为对应的潜在假设，以及行动背后的逻辑和驱动因素。这就是第三层的基本隐性假设和价值。

沙因的文化三层次理论不仅能够帮助我们挖掘文化产生作用的潜在逻辑，探寻企业文化的本质，还能用于指导企业文化建设的实践工作，如果企业提炼和构建出来的这套文化体系所依存的基本假设能够适应组织所运行的环境，就表明该文化建设目标可行。如若不然，只能推翻重来。此外，还有人陷入将"知识"等同于"文化"的误区。一些企业在招聘员工时，过分注重求职者的学历水平，认为聘用他们可以拔高企业形象，借此提升企业文化。一些高学历的求职者在面试乃至入职以后都还耿耿于怀："我的老板学历远不如我，我却要在他的手下混，这是什么道理？我凭什么听他的？"这样的状态，何来提升企业文化一说？

知识只为我们在社会上生存提供帮助，却不能保证我们更好地生存。因此，当员工进入企业以后，管理者要帮助员工认识到这一点，用企业文化来帮助他们更好地生存。

> **坤福说**
>
> 　　企业文化就是企业信奉并付诸实践的价值理念，也就是企业一直信奉和倡导并在真正践行的价值理念，是企业生产经营活动中伴随着自身成长发展而逐渐形成和确立，并深深根植于企业每个成员头脑中的独特的精神成果和思想观念，具体包括企业的经验观念、企业精神、价值观念、行为准则、道德规范、企业形象以及全体员工对企业的责任感和荣誉感，它是企业发展过程中逐渐积累形成的。

文化只有作用于管理，才能真正发挥其作用

　　在沙因的文化三层次理论中，我们通过层层挖掘，从人工制品层面逐步深入到基本隐性假设和价值层面。因而，对企业文化进行表层判断就成为最基本的一环。

　　企业文化随着企业的建立而产生，并在企业的渐进发展中不断成型。从这个角度讲，每个企业都有自己的企业文化。那么，另一个问题来了：你说你的公司有企业文化，那么它在哪里得到体现？其实，这个问题我们在前面已经或多或少提到了一些。企业的建筑模式，厂房、车间、办公环境的布局，产品的形象和包装，企业的组织行为，各项制度管理体系，各类仪式和培训，企业的愿景、使命、宗旨、价值观等，这些都是企业文化的范畴。

　　每个企业都有企业文化，区别在于这些企业文化是自动生成的，还是管理者有意识建设的。也许有人会忍不住问：既然每个企业都有

自己的企业文化，为什么还要谈文化建设呢？那是因为，既有的企业文化未必是企业管理者想要的。自动生成的企业文化不可避免地存在两种弊端：其一是不成体系，其二是容易产生"潜规则""人情化管理"和老板"一言堂"等不利于企业健康、持续发展的问题。在既有企业文化之下，如果企业没有在市场竞争中获得独特的竞争优势，没有迎合环境的变化和发展的趋势，企业形象，包括产品和服务都没有获得客户的认同，员工流动性高……出现这些现象，就说明既有企业文化需要重新梳理和改进。

加之现代企业管理的科学化、系统化、制度化、流程化和标准化在增加企业管理成本的同时，不能彻底解决管理中出现的问题，诸如组织信仰和组织忠诚度缺失，组织内部成员间越来越多地需要靠利益来维持关系等，寻找一种成本不高而效果显著的管理手段，成为众多企业管理者的一致追求，大家都不约而同地瞄准了企业文化管理。

就如同掌握资源是为了实现计划管理，进行流程管控是为了保证效率，制定清晰的战略目标是为了强化竞争力一样，实施企业文化管理，目的在于让企业、员工、客户三者达成共识，实现企业的稳定、持续发展。在企业内部，文化可以统一思想、凝聚人心，提升企业竞争力；在企业外部，文化可以塑造企业形象，使企业赢得更广阔的市场，获得更大的影响力。

企业文化要素中的愿景和使命明确了员工努力的方向，而核心价值观则明确了一家公司该倡导什么、摒弃什么，让员工明白自己该做什么、不该做什么，对员工的行为进行了统一。员工进入企业后，会在企业文化的引导和影响下，自觉遵守行为规范、制度公约，让企业内部组织行为和员工行动达成高度一致，产生强大的竞争力。

个人在他人眼中的形象是通过点点滴滴的行为习惯累积起来的，同样，企业的形象包括品牌、服务、信誉等也是通过企业经营行为树立起来的。企业文化一旦形成较为固定的模式，不仅会在企业内部发挥作用，影响员工行为，而且对外部的合作伙伴、供应商和广大消费者也会产生积极的影响。

创新是海尔集团的核心价值观，从为成都人提供洗红薯的洗衣机，到为藏民提供打酥油的洗衣机、为饭店提供清洗龙虾的洗衣机、为枕头厂提供清洗荞麦皮的洗衣机，海尔时刻关注消费者的反馈，并在此基础上对产品进行创新，满足消费者的不同需求。

海尔不仅关注产品的质量和功能，还凭借为客户提供贴心的服务，成功打开市场。1995 年，海尔刚推出洗涤、脱水、烘干三合一的全自动洗衣机的时候，海尔集团创始人张瑞敏就提出，凡是购买该产品的客户，都将会享受免费上门安装、调试和现场咨询等服务。这号称"海尔星级一条龙服务"。正是这种服务帮助海尔获得了热烈的市场反响。

1998 年，海尔在全国建立 100 多个专家服务中心、300 多家安装单位、上千家星级服务站等，目的只有一个：为海尔空调使用者提供连锁星级服务，确保海尔空调客户能够在第一时间享受海尔专业的服务。如今，海尔已经成为全球大型家电第一品牌。

同海尔一样，高水平的客户服务能力也已经成为许多知名企业的竞争优势。为客户提供贴心的售前、售中及售后服务，有助于企业发展同客户之间的长远关系，提高企业知名度，强化其竞争力。

文化只有作用于管理，落实到具体执行工作中，才能真正发挥作用。当企业全体成员都认同企业的核心价值观并能够践行时，企业会具有独特的竞争力并获得强有力的发展。

制度和文化相辅相成，才能保证企业生生不息

很多管理者都产生过这样的困惑：我们建立了健全的企业管理制度，如员工行为规范、绩效考核机制、升迁机制、奖惩机制……该有的都有了，为什么员工的执行力和竞争力还是得不到提升呢？

再怎么健全的机制，也不可能面面俱到；即使是既有的制度规范，如果少了企业文化的配合，也很难让员工产生主动执行的意愿。

可能又有人会忍不住发问了：既然文化机制这么厉害，那我不管制度了，把时间和精力都拿来搞文化行不行？当然不行。如果你只告诉员工，"我们有这样一个伟大的目标，承担着这样的使命，我们一定会变得很厉害"，口号固然激昂，但如果没有相应的监督、管控和奖惩机制对员工进行约束，员工做与不做都不会有什么利害关系，结果当然只会适得其反。

那么，在企业的具体营运过程中，企业制度和企业文化是怎样互相配合、共同作用于员工行为的呢？

我们要知道，制度是企业文化落地的有效保障。如果缺乏制度的土壤，企业文化就只能止于墙上、书本上，喊得再响也终究只是口号，落不到实处，无法对员工的行为产生影响。而企业文化是制度执行的内在动力，员工只有认可了企业的文化理念，才会产生主动遵守企业制度的行为意识。一家企业倡导什么样的企业文化，就需要有相应的制度做保障，制度的建立和呈现都应该体现企业的文化诉求。因为，在沙因的文化三层次理论模型中，制度属于人工制品层面，是外显价值或隐性基本价值的外化。

> IBM 的核心价值观是"精益求精、高品质的客户服务、尊重个人"，其创始人托马斯·沃森曾规定："员工上班必须穿黑色正装和白色衬衫"。最初，沃森做出这项规定的出发点是为了达成"尊重客户，为其提供高品质服务"的目的。随着时间的流逝，技术性企业客户早已改变了工作时间的着装习惯，IBM 的白衬衫、黑套装的规定越来越与环境格格不入。为了保证与价值观的高度统一，前 IBM 公司总裁路易斯·郭士纳后来更改了这项制度，规定"员工可以根据客户对象和会面场合，灵活选择着装"。

制度一定是有灵魂的，它体现并彰显企业的文化价值观。它清晰地传达企业赞同什么、反对什么，引导和规范员工的行为。而企业文化不是空洞的标语或口号，必须从员工的行为中体现出来，这就需要制度来做出保障和强化。

从属性上看，制度会在员工间制造更多差异。因为制度是一种刚性规定，制度面前，人人平等。员工有了突出的业绩和贡献，就会受到表扬；违反了制度规定，就会受到应有的惩罚。要保证制度执行的公平性，同时还要保证制度的权威性。如果管理者充当"老好人"，实施了"人情化"管理，对错误行为置之不理，员工就会失去方向感。而企业文化则力求在企业中塑造主流的声音，为企业提供正能量，引导员工的思想和行为。企业文化在执行时也要强调差异化，树立标杆或实施奖励都得保证对其他成员产生激励效果，如果对所有人都一视同仁，做得好的员工得不到应有的赞美和鼓励，那么，群体惰化现象将无可避免，企业的执行力必然降低。

从目的和效果上看，建立制度是为了规范员工的行为，告诉员工遵守制度有怎样的好处，违反制度会付出怎样的代价，进而培养员工遵守制度的行为习惯。企业文化则让员工有所信仰，让他们知道该做什么、不该做什么。

某公司明文规定："员工不能在上班时间穿拖鞋，违者记过一次，罚款50元。"员工想穿拖鞋上班时，首先想到的是，如果被主管抓到，会受到记过和罚款的处分，这仅仅是制度在起作用。而一个职业化的员工，一定不会随意着装，这与会不会被发现、受罚无关，而是员工认同了公司制度背后的文化，这就是文化在起作用了。

此外，制度可以很快地建立起来，企业文化却需要长期孕育和点滴培养。执行制度是为了解决眼前的问题，企业文化的建设和落地执行则是为了保证企业的稳定、持续发展。总之，只有让制度和文化相融相生，才能保证企业生生不息。

坤福说

制度重要，文化一样重要。二者相辅相成，缺一不可，在某种程度上，制度也是文化的载体。

厘清企业文化发展层次，抓住文化管理核心

任何一家企业都要经历从无到有、从小到大的发展历程，都要经历创业、成长、成熟三大阶段。企业文化是在企业发展过程中逐步孕育和点滴发展起来的，相应地也存在三个不同的发展层次。

1. 企业创业期的文化形态与组织发展

当企业处于创业期时，企业发展的主题是生存。创业者很少会想到开展文化建设，只会考虑大家要保持什么样的激情才能实现梦想，彼此间要以怎样的心态进行合作。创业者关心得最多的是企业的生存，产品能不能卖出去，能不能获利，最多就是思考一下如何让大家充满希望地工作，如何保持良好的工作状态。

在企业创业期，大家起早贪黑，加班加点，百般辛苦却任劳任怨。每个人都是标杆，每个人都是榜样。阿里巴巴创业初期即是如此。

1999 年 2 月，在阿里巴巴创业大会暨第一次全体员工会议上，马云激情满怀地描绘了未来，他说："我们要办的是一家电子商务公司，我们的目标有三个。第一，我们要建立一家生存 102 年的公司；第二，我们要建立一家为中国中小企业服务的电子商务公司；第三，我们要建立世界上最大的电子商务公司，要进入全球网站排名前 10 名。"

马云对那一次的会议全程进行了录像，录像中，马云手舞足蹈地对大家讲演他内心的想法。而与他一起创业的 17 位成员有的站着，有的坐着，都在认真倾听。马云说："从现在起，我们要做一件伟大的事情。我们的 B2B 将为互联网服务模式带来一次革命！黑暗之中一起摸索，一起喊！我喊叫着向前冲的时候，你们都不要慌。你们拿着大刀，一直往前冲，十几个人往前冲，有什么好慌的！……你们现在可以出去找工作，可以一个月拿 3500 元的工资，但是三年后你还要去为这样的收入找工作；而我们现在每个月只拿 500 元的工资，一旦我们的公司成功了，就可以永远不为经济担心了！"

当时，马云和他的团队极度缺少资金，50 万元的创业资金还是大家从自己的腰包里一点点凑起来的。由于资金有限，马云租不起写字楼，就只能在杭州湖畔花园小区的一套住宅里办公。他和团队每天窝在那个小屋子里，熬十七八个小时，设计网页，讨论创意，修改方案。

马云和他的 17 人团队后来成为阿里巴巴的"十八罗汉"，成为阿里巴巴全体员工模仿和学习的榜样。但在这一时期，阿里巴巴还没有"六脉神剑"（即客户第一、团队合作、拥抱变化、诚信、激情、敬业）这一核心价值体系，17 人之所以愿意追随马云创业，完全是因为他的个人魅力。团队管理靠的是相互间的信任和默契，大家就像家人一样地相处，著名作家马永强老师将阿里巴巴这一阶段的文化描述为"家文化"，确实有些道理。

2. 企业成长期的文化形态与组织发展

企业进入成长期，特别是进入高速发展阶段后，随着企业规模的不断扩大，员工数量越来越多。如果管理者还只用亲情来凝聚人心，用感情来管理团队，用信任和默契来监管企业的运营，显然已经力不从心了。因而，在这个阶段，管理者必须依靠制度和文化来管理团队。处于高速发展阶段的企业，虽然有了相对稳定的客户和市场，在企业的内部管理上却面临重重矛盾。比如，企业规模扩大了，规范化的管理却十分欠缺；有了明确的战略目标，却缺乏执行力。这一时期是企业文化培育和塑造的重要阶段，文化建设的结果，不只为企业的高速发展和扩张提供支持，还能为企业的稳定持续发展提供保障。因而半点不能放松。所以，领导者开始意识到建设企业文化的重要性和迫切性，开始关注企业的思想氛围，花费时间、金钱和精力着手文化建设工作。有些企业在自主梳理企业文化的同时，还高薪聘请专家或咨询公司帮助企业开展文化建设工作。

这一阶段的文化，受企业家本人思想影响极大。企业家的思想观念、价值选择、行为标准等一言一行都会在企业的决策执行、制度建设、资源配置以及成员成长等环节留下烙印。当然，除了企业家个人的影响力外，一些企业中高层就某些问题达成了共识，员工对某种理念达成了一致认可，一些符合时代潮流的文化元素也融入了这一时期的企业文化中。

3. 企业成熟期的文化形态与组织发展

随着企业的发展，企业的管理日趋成熟，企业开始进入成熟期。这一时期的企业规模巨大，员工众多，人员组成结构十分复杂。要使企业文化获得广大员工的认同，就需要管理者在既有企业文化的基础上做出调整。具体而言，要尽可能地弱化企业家个人的价值判断和行为理念，更多地突出符合时代潮流的文化元素，以及容易被员工认可和接受的价值理念。

企业文化不仅要获得员工的认同，还要符合时代精神。企业发展到成熟阶段，可能已经占领了广阔的国内市场，打算进一步向海外扩张。这个时候，企业如果想继续保持行业竞争优势，从优秀走向卓越，获得持续发展，就需要更多地在品牌上下功夫，想办法使企业获得国际化商业市场这一大环境的认可，提升企业的形象和地位。

成立于 1984 年的万科集团，是我国著名的专业住宅开发企业。该集团致力于通过规范、透明的企业文化和稳健、专注的发展模式，成为最受客户、投资者、合作伙伴和员工欢迎，最受社会尊重的企业。

万科的品牌核心价值观与企业的核心价值观十分匹配，这要归功于创始人王石的努力。王石不仅以其个人价值观念构建起万科的企业核心价值观念，同时通过个人的不懈努力推动了万科的外部传播和品牌塑造。

1998 年，王石因疾病之扰，为自己制订了登山计划；2003 年，王石成功攀登世界最高峰——珠穆朗玛峰；2004 年，王石完成世界七大洲最高峰的攀登；2005 年，他先后抵达北极点和南极点，至此，完成了"7+2"（指七大洲最高峰和南北极）计划。他借此开创了一种逐渐广为金领阶层推崇的健康而富有品位的生活方式，无形中丰富了万科的品牌内涵，并将万科品牌价值推向了新的高度。

除此之外，王石还做过摩托罗拉 A6288 手机的形象代言人、中国移动全球通代言人等。王石在公众场合的每一次亮相都不同程度地演变为万科的"路演"，大大提升了万科品牌的知名度。

由此可见，企业领导者的价值观念与企业的品牌价值观、企业核心价值观的高度一致，使万科品牌影响力不断得到提升，最终成为行业的领导者。

坤福说

所谓"企业文化"，因为与"企业"的目标相联系，可视为从事创新的企业家为实现价值增值所做的资源重组的努力，以及在这一努力所规定的企业目标之下参与企业活动的人群及其文化传统的相互作用与融合过程。因此，企业文化不是一个静态的概念，它是流动、变化的。

传播企业大爱思想，获得社会和员工的拥戴

企业文化最终的目的是传播企业的大爱思想，获得社会

和员工的拥戴，即所谓的"人心无价，大道当然"。

临济禅师尚未悟道之前，曾到福建福清的黄檗山跟随黄檗祖师参禅，在黄檗山一住就是三年。三年中，临济心如止水，没有半丝疑惑。负责巡察的堂头和尚深觉怪异，就找来临济，问道："你来黄檗山已经三年了，怎么从来没见你提问呢？"

"师父慈悲，我不知道从何问起！"临济回答。

"这个好办，我可以教你。我看'佛祖西来意'甚好，你就拿这个去问吧。"堂头和尚说。

临济听了堂头和尚的话，接连三次去找黄檗祖师问难，结果每次都是话一出口就挨了打。他甚至不清楚自己为什么会挨打，心里十分委屈和惭愧。

第三次被打之后，临济想了一整晚，决定离开黄檗山，云游四方，寻访知识。

第二天早上，来巡察的堂头和尚发现临济的行李已经收拾好了，就问："临济，你要走吗？"

"谢谢和尚慈悲，教我疑情。但是，我很惭愧，挨了黄檗祖师的三次教训，连黄檗祖师为什么要打我、自己错在哪里都不知道。我觉得，自己的缘法怕是不在这里了。"临济说着话，鼻子一酸，觉得非常惭愧，后又接着对堂头和尚说："我要去行脚参学！"

堂头和尚一边要求临济离开前向黄檗祖师辞行，一边疾行至方丈室，希望黄檗祖师能对临济有所接引。

堂头和尚刚走，临济就来向黄檗祖师告假。

"临济，云游参学是件好事。依我看，你还是到南岳禅师那里去吧！老禅师是一个机锋林立的人，他能接引你！"黄檗祖师对临济说。

从福建福清到湖南衡山，有三个月的路程。一路上，除了吃饭、睡觉，临济的脑子里只有两个问题："为什么要打我？我究竟错在哪儿？"

在南岳禅师处，临济很快悟道，清楚了黄檗祖师打他的缘由后，他又马不停蹄地回到黄檗祖师身边。

很多人都表示困惑，为什么临济挨了几顿好打，最后还是愿意回去？

这一切都源于关爱、理解和认同。在临济没有悟道之前，黄檗祖师的棍打让他觉得十分委屈，进而产生了离开黄檗祖师、独自外出修行的念头。当他受南岳禅师点化悟道之后，明白了黄檗祖师的一片苦心——打他，只因心急他的迟迟不悟。因为理解和认同了祖师的关爱行为，所以他义无反顾地回到祖师身边。而黄檗祖师则将弟子临济视作家人一般，密切关注他的修为进展状况，为他的不悟或慢悟而挂心，希望自己的"当头棒喝"能对他有醍醐灌顶之效。禅师的关爱与弟子的理解共同缔造了"打不走的和尚"的传奇。

与此相反，一些企业经营者和管理者则常常因留不住员工而深感苦恼。其实，要留住员工并不是什么难题，经营者和管理者要踏踏实实地从为员工着想的角度将企业文化落地生根，多给员工一些关照。很多时候，并不是给员工高工资，满足他们的物质需求就万事大吉了。在马斯洛的需求层次理论中，用以解决生存问题的物质追求仅仅是人类最低层次的需求，在最基本的生存问题得以解决后，人们自然而然会将目光转向更高层次的需求，比如获得他人的认可和尊重，比如自我成就和自我超越。

因而，企业管理者需要关注员工的职业规划，将员工的个体价值追求与企业的发展目标联系起来，给员工提供学习、锻炼和成长的平台及机会。通过这种手段和策略来留住员工，一定比单纯的利益捆绑而缺乏必要的关爱和尊重来得有效。因为这样做不仅能留住员工，还能保持企业的竞争优势。松下电器公司在这方面的表现堪称表率。

松下电器公司之所以长期在世界企业界立于不败之地，其重要原因之一就在于将员工的培训视为头等重要的事情。松下电器公司有这样一种理念：公司既是"制造电器用品"的公司，又是"造就人才"的公司。事业是人为的，但是优秀的人才是可遇而不可求的，培养人才就是当务之急。

松下电器公司课长、主任以上的管理者，大多数是公司自己培养起来的。在组织机构中，总公司设有"教育训练中心"、八个研修所和一个高等职业学校。为了更好地适应企业的发展，松下电器公司人事部门制定了社内留学制度和海外留学制度。

松下电器公司把人才培训管理放在管理工作的首位，拥有一套自己独特的培训和任用人才的办法，才使得后来拥有一支优秀的企业家、专家队伍。这支高效的人才队伍是松下电器公司能够实现高效率管理与保持持续竞争力的基础。

松下电器公司不仅将人才培养工作做得相当到位，而且在日常的管理工作中也能做到宽严得体。其创始人松下幸之助是少有的将"胡萝卜加大棒"政策运用得炉火纯青的企业领导者之一。

松下幸之助对员工的工作要求非常严格,一旦发现员工在工作上出现错误,便会毫不客气地当面指出。

一次,刚刚担任一家新工厂负责人的后藤清一,在未经松下允许的情况下,擅自提高了定额以外的产品单价,松下知道后立即将他叫到了办公室,气急败坏地拿着火钳拼命地敲打桌子,狠批了后藤一通。在这一过程中,后藤一直低着头,双腿不住地发抖。

待松下训斥完,后藤即将转身离开时,松下说道:"请等一下,刚刚我太生气了,将火钳敲弯了,你能帮我把它弄直吗?"后藤耸耸肩膀,感到很无奈,只好拿起火钳重重地敲打,但他的心情也随着敲打逐渐归于平静。当他把敲直的火钳交给松下时,松下看了看说:"你真不错,让它比原来更好了!"

虽然后藤看起来心情好了些,但松下仍然看出他有些难过。所以,当后藤走后,松下悄悄地给后藤的妻子打了个电话,对她说:"您先生今天回家可能脸色会很难看,拜托您好好照顾他,谢谢了!"

果然,后藤回家后本打算和妻子说想辞职不干了,但妻子用从未有过的温情对待他,让他的心情平缓了很多。后来,他从妻子口中得知松下打电话的事,对松下的做法非常感动。自此,他工作起来更加努力了。

坤福说

优秀的企业文化具有这样的优点：不需要很高的成本，却能使管理工作取得事半功倍的效果。因而，打造自身独特的企业文化并将之落到实处，与制度机制密切配合，共同作用于企业管理，是企业做大做强，实现稳定持续发展的不二选择。

第二章

建立有力的组织机构，有条不紊推进文化建设

战略决定组织，组织承接战略。企业对企业文化的重视应体现在组织上，这包括组织设置、责权设计、定岗定编等不同方面。

企业要重视文化管理组织的设计和创新，为企业文化发展提供组织保障。企业文化战略的实施需要组织的保障。企业文化管理组织是推动企业文化建设、维护企业文化健康发展的主体。企业文化管理组织存在与否，以及组织被赋予的责权大小、配置资源的多少，直接影响着企业文化的管理重点、管理效率和管理效益。

领导者的重视和支持，是企业文化推行的动力

企业文化建设是一个漫长而艰难的过程，企业文化被认同、价值观统一，需要长期的训练与磨合，需要核心团队乃至全体员工的共同参与。拥有决策权的高层领导能否认识到企业文化的重要性，能否在企业文化推进工作上给予重视和支持，是企业文化得以落地执行的关键因素之一。

如果企业高层不能充分认识企业文化的重要性，仅凭一时之兴搞文化建设，或者把文化建设工作全都推给相关部门而不加过问，那么，这家企业的文化建设工作最终只会陷入不了了之的尴尬境地。企业可能投入了很大的人力、物力和财力，员工还是各行其是，团队的执行力还是得不到提升。因而，企业文化建设一定要寻求企业高层领导的支持，让他们认识到企业文化对于企业的重要性，坚定他们建设企业文化的决心和意志，使他们做到不遗余力地支持和主持相关工作。

上海杉美化妆品有限公司最初存在见面"不问候"的现象。后来，一位管理部长在一个早晨开始向所有人说"早上好"。每天早晨，他都会在工厂正门的前面站着，向每一位员工说"早上好"。

最开始大家都觉得很奇怪，不知道他为什么要这样做，几乎没有人去回应他。即便这样，这位管理部长仍然坚持每天向大家问早安。渐渐地，回应他的人越来越多了。一个月后，所有人都习惯了朝气蓬勃地对别人说一声"早上好"。

　　团队成员彼此"不问候"，乍一看是件小事，背后潜藏的却是团队之间缺乏沟通和交流的大问题，长此以往，当某一员工遇到困难或某个生产环节出现问题时，会因无法得到及时的帮助和处理而延误工作进度，造成执行力低下的情况。杉美化妆品有限公司领导层注意到了这一问题，通过每天早晨向员工问好的方式，带头在公司推行问候文化。得益于其长久坚持，公司原本冷漠的人际关系大为改善，员工之间相处得越来越融洽。在工作中，员工一旦发现问题，就会及时指出，并帮助对方加以改正，这样一来，公司生产的不良品率明显降低。

　　同时，杉美化妆品有限公司的例子很好地展示了企业高层在推行企业文化过程中起到的重要作用。

　　企业高层的重视和支持是企业文化推行的动力之源。许多企业在文化建设过程中，往往因为高层不重视或支持不够，推行工作难以实施。某企业的文化部门负责人到生产车间组织员工参加企业文化宣传培训大会，却遭到了车间主管的拒绝："现在正是旺季，生产都忙不过来，哪儿有时间搞培训！"这种情况在其他企业也非常普遍。究其根源，主要是企业高层对企业文化部门的授权不充分，以及相关的责任体系不明确造成的。

　　在企业文化建设的最初阶段，企业内部会有各种各样的抵触借口。

　　搞生产、搞销售，靠的是能力和技术，文化又不能当饭吃。

　　工作任务那么繁重，还要抽时间开会、上培训课，到底有完没完？

那是文化部门的事，与我们有什么相干？

　　我只要负责上班、领工资就可以了，公司有没有文化和我没关系。

　　文凭足以证明我的文化。搞培训，是在质疑我的智商吗？

　　……

　　面对这样的情况，企业文化建设工作唯有得到高层领导的授权和支持，才能冲破层层阻力，让企业文化得以真正落地执行，助力企业获得纵深发展。

　　在企业文化建设工作中，企业高层可以提供政策、资源乃至行动方面的支持。

　　在政策方面，在企业文化推行方案拟订后，高层领导可以通过会议或文件的形式，及时公布相关政策，制定相应的奖惩措施；在文化推行工作遇到瓶颈时，及时组织核心团队进行商讨，制定解决问题的策略等。

　　在资源方面，我们都知道，企业文化建设和推行是一项系统工程，涉及多方面的工作内容，如制作宣传栏、宣传标语和看板，开展知识竞赛，设立员工培训和奖惩机制等，这些都离不开高层领导的资源支持（如人力、财力、物力等）。只有获得领导者及时、充足的资源支持，企业文化建设工作才能得以顺利开展。

　　在行动方面，古语有云："其身正，不令而行；其身不正，虽令不从。"在企业内部，高层领导本身应具有普通员工身上所不具备的特质和魅力，最容易被员工当作学习榜样，加之职位带来的权力与权威，领导者的影响力更是不可小觑。企业领导者的一言一行、一举一动，如一次表扬、一次会议发言、一个战略的提出都是在用其逻辑感召着团队，同时向团队证实着这一逻辑的正确性。也正是源于领导者对一种信念的坚信和始终如一的践行，他的团队才能鲜明地感受到这一信念的存在。

在和记黄埔有限公司，李嘉诚总是早晨第一个来上班，也是最后一个离开公司的人。当所有人离开时，他还要检查一番，以防员工疏忽，忘了关门窗。李嘉诚的这些行为让员工很是佩服，很多年轻员工都说："李先生那么大年纪，还如此勤奋，我们年轻人有什么理由不奋进呢？"

企业文化建设和推进工作一定要获得企业高层的支持，他们在行动上以身作则、带头示范，才能形成强大的感召力与影响力。比如，领导者积极出席企业文化培训动员大会和晨会，并在会上致辞或发表演讲；积极参观和巡视样板区；定期或不定期地检查各阶段的工作成果等。领导者以身作则，有助于强化员工对于企业文化的认知和践行。

坤福说

在企业文化建设与推行过程中，领导者的态度直接决定了最终的结果。如果领导者全力推行，没有人可以阻止；如果领导者认为这是一件可有可无的事，那么员工便不会重视，相关部门在执行过程中会遇到更多的阻力，当然，如果连相关部门也认为执行情况乐观与否无所谓，企业文化推行工作就真的只能流于形式了。

根据企业不同发展期，成立对应的文管队伍

当企业高层领导充分认识到企业文化的重要性，期望企业文化在经营管理中发挥实效，愿意在上面进行持续投入时，就可以开始着手推行企业文化建设工作了。此时，企业文化建设工作由谁负责，就成为亟待解决的问题。

就企业自身发展阶段而言，尚处于创业阶段的企业一般不需要创建专门的企业文化管理队伍，创业者本人要身体力行，督促行政、人事部门肩负起企业文化启蒙和推广的职责。在这个阶段，关于要建立什么类型的企业文化，创业者本人要和团队成员协商，并逐步达成共识，在此基础上不断完善、优化和固化一些基本的企业文化内容。

处于发展阶段的企业，视企业规模，如有必要可以建立专门的文化管理组织，至少也需要安排专人来从事文化建设和传播工作。因为随着企业的不断发展壮大，越来越多的新生力量加入使企业管理结构渐趋复杂，公司业务的拓展也给企业经营者增添了很大的工作量，企业经营者的职能越来越趋向于决策和管理。在这种情况下，企业就需要设立诸如宣传部、培训部一类的小组织来分担企业家的文化传播工作。

处于全面提升阶段的企业，为了实现稳定、持续发展，必然会对固有的一些不符合时代精神、市场环境以及企业发展需求的观念、制度做出变革，这时候则必须创建一支高水平的企业文化管理队伍。一般在此阶段，企业有足够的人力、物力和财力来从事企业文化建设和管理工作。从规划到传播再到落实，企业可以系统地开展企业文化建

设，文化管理部门与公关、品牌部门一道，共同发挥企业对内对外的沟通职能。特别值得一提的是，文化管理部门能够通过大造舆论、大力宣传等方式，助力企业顺利实施变革。而且在帮助企业推行改革的过程中，企业文化本身也发生了变化：通过对制度的改革创新、对观念的改变和更新、对行为习惯的破旧立新，还有在器物层面的建设更新，现有的企业文化格局被打破，新的制度、观念、行为规范和物质环境得以形成并固定下来。在此基础上，新的习惯、标准、意识形态和组织作风就会自动生成新的企业文化价值体系。

当企业进入持续、稳定发展阶段以后，企业文化建设的职能已经深刻地融入企业的管理系统中，在组织、制度、流程和 IT 系统各方面都彰显着企业文化的管理效能。广大员工也已经将企业文化内化于心、外化于行，将文化的核心功能——沟通发挥到了极致。在这种情况下，企业的文化建设和管理工作已经变成组织中各个部门及个体的基本工作内容，专门的企业文化管理部门在某种程度上已经被削弱或取缔。

对于那些在企业文化建设工作中确实需要设立文化管理队伍的企业而言，又需要面对一个新的问题：具体将这支队伍安排在什么位置合适？根据山东玛尔思企业管理咨询有限公司长期的调研观察，现今企业界主要有下面三种处理方式。

其一，成立独立的企业文化部门，与人力资源、财务管理等传统职能部门处在平行地位。

其二，把这支队伍设在人力资源部门之下。通常设立一个企业文化运营经理或文化运营总监，带领自己的团队独立行使企业文化管理职能。工作内容偏重于培训、撰写企业内刊以及对企业制度的解释等。

其三，把这支队伍设在总裁办公室之下。依然由企业文化运营经理或企业文化运营总监带队，但职能偏重于行政方面，主要从事重要报告撰写、大型年会承办以及传统的企业刊物出版工作。

笔者建议，如果企业还不需要成立一个单独的企业文化部门，最好将其设在总裁办公室之下，因为这有利于与企业文化建设和推行的权威倡导者——总裁进行及时、有效的沟通，更好地发挥文化管理的职能。前提是，高层领导以及文化运营经理需要保持清醒的头脑，区分企业文化与行政工作，保持企业文化管理在一定意义上的独立性。

> **坤福说**
>
> 从原则上讲，文化落地工作需要整个企业作为组织保障，但是，为了确保组织工作的落实，企业还是需要指定一支能够真正推动和主导文化建设的队伍。当然，是否确实需要建立一支这样的队伍，要视企业本身及企业文化的发展阶段而定。

全体员工广泛参与，企业文化建设才有意义

虽然很多企业都建立了专门的文化管理队伍，但这并不意味着所有的工作都要由他们一力承担。

现实中，很多企业将文化建设的重任全都推给了企业文化部门或人力资源部门，结果将这些部门搞得焦头烂额：领导的"不授权"使

他们无法完全主导企业文化建设工作；员工的"不买账"使企业文化推进工作很难取得良好效果，而效果不佳的责任又全都落到了他们头上。这样一来，企业文化部门反倒成了人才流失最为严重的部门。轰轰烈烈掀起的建设企业文化风潮，在遭遇重重障碍后，很快便偃旗息鼓了。

如果说企业文化建设是一个系统工程，那么，必然也需要一个系统的组织来保障这一工程的实施，绝非一个独立的部门或团队单枪匹马能够搞定的。可以说，在一个企业中，上自最高领导者，下至每一位员工，中间的所有层级组织，都是企业文化建设和推行工作中的组织者和参与者，都应该承担起相应的责任。谁负责牵头？谁负责执行？哪些人应该参与？每一个组织应该发挥哪些作用？这些都需要加以明确。

一般而言，企业文化建设的基本流程应该是这样的：以企业家为核心的高层领导团队身体力行，指明企业文化的发展方向和其他的一些核心问题；然后通过以直线经理和企业文化管理部门为核心的"传播平台"渗透到员工群体中，最终在他们的工作行为中体现出来。

在我国绝大多数的成长型企业，包括那些已经经营得非常出色的民营企业，探究其企业文化的实质，多表现为企业家的文化就是企业的决策文化。换句话说，企业家就是企业文化的源头，其价值理念和行为方式就是企业文化的核心。企业文化的建设、推广和变革都需要由企业家来推动，文化建设的效果也应该由企业家负责。

美国哈佛大学商学院教授、著名领导力专家约翰·科特与詹姆斯·赫斯克特合著的《企业文化与经营业绩》一书中讲道："通常，公司中只有那么一两个人在推动企业文化变革中具有极为关键的作用。"毫无疑问，这起到关键作用的"一两个人"就是企业的最高管理者，也就是我们所说的企业家。

IBM 公司前总裁路易斯·郭士纳 1993 年 4 月接管 IBM，用了不到三年的时间，就让公司从累计亏损达 160 余亿美元的困境中脱身，实现 770 亿美元的营业收入和 60 亿美元的净利润。IBM 公司之所以能够实现如此奇迹般的转变和飞跃，与郭士纳对公司文化的重塑息息相关。他是这样看待自己的工作的："我最重要的工作就是推动企业文化变革。"

除指明企业文化发展的方向外，身体力行地推崇和推行自己所倡导的企业文化理念，同样是企业家的职责所在。

虽然当下众多企业家或多或少、或主动或被动地认识到了企业文化的作用，却仅仅是顺应时势，甩出几条"高大上"的理念，用来对外标榜、装点门面。在管理工作中，对自己提出的制度、理念漫不经心，更别说身体力行、示范表率了。这种行为给企业文化建设和推行工作带来了根本性的障碍。因而，要建立强有力的文化，企业家必须端正自己的态度，履行好自己的职责，身体力行地倡导和推行自己提出的价值理念。

当企业家主导并指明企业文化建设的方向之后，在企业家与员工之间起纽带作用的直线经理，应该主动承接职责，将企业家提出的企业文化方针贯彻落实到员工群体中。在这一过程中，直线经理同样要发挥好带头作用，确保企业文化的贯彻执行。

企业文化管理部门并不像某些企业家所定位的那样，它既不是企业文化建设工作的唯一执行者，也不应该是最终责任人，它更多的是在扮演"助手"的角色，帮助高层领导将思想、意志更好、更有效地灌输给员工，同时努力营造出良好的氛围，帮助直线经理更好地履行职责，为直线经理的执行工作制订方案、提供工具。至于人力资源部门、培训部门和党群部门，它们其实是广义上的企业文化部门，与企业文化管理部门共同构成一个巨大的企业文化传播平台，以不同的形式，多视角、多维度地传播企业文化。

企业文化的建设和推行，不能仅靠企业高层领导的意志和行为，也不能仅靠直线经理和企业文化部门的宣传和运作，还需要广大员工的参与和执行。具体表现为：企业文化的理念内涵绝不是一句空洞的口号所能表现的，必须通过全体员工的行为来加以体现；企业文化中的制度文化只有变为全体员工的自觉行动，才能得到合理的贯彻落实；企业要塑造良好的对内、对外形象，同样需要全体员工的共同努力。总之，只有全体员工的广泛参与，才能使企业文化建设工作发挥积极、正面的作用。

坤福说

只有每个部门都充分认识并积极履行自己在企业文化建设工作中所应承担的职责，企业文化建设工作才能顺利开展并取得预期的效果。

适当借力咨询公司，让专业的人做专业的事

那些充分认识到企业文化的重要性，亟待建立自己的企业文化却苦于无从下手的企业，可适时向咨询公司寻求帮助。

这里先就咨询公司的概念做一解释：

咨询公司是帮助企业和企业家，通过解决经营和管理问题，鉴别并抓住新机会，强化学习和实施变革以实现企业目标的一种专业、独立的咨询服务机构。咨询公司由具有丰富经营管理知识和经验的专家组成，通过深入企业现场，与企业人员密切配合，运用各种科学手段和方法，找出企业在经营管理上存在的问题，进行定量及定性分析，查明问题产生的原因，提出切实可行的改革方案并指导方案的实施。

基于咨询公司所具有的职能，很多企业都曾借力咨询公司来开展企业文化建设工作。然而，咨询公司在企业文化建设中具体能做些什么、做到哪一步，企业家对此却认识不一。

一些企业对咨询公司的角色和作用有着正确的认识和定位，因而能在咨询公司的助力之下，圆满完成企业文化的建设和推行工作。然而，还有一些企业把咨询公司当成了全知全能的"救世主"，把整个企业文化建设工作都推给了咨询公司来完成。结果是，咨询专家入驻企业期间，企业文化建设成效显著，而一旦咨询专家撤出，企业文化推行工作就变得毫无进展，就连先前取得的成果也会很快丧失，功亏一篑。

咨询公司并不是全知全能的，它所能做的仅仅是为企业提供可参考的解决问题的办法，而不是代替企业做好所有的工作，特别是像企业文化建设这样需要企业全员参与的系统工程，仅凭咨询公司的一己之力根本不可能完成，更多地还要依靠企业自身。

那么，咨询公司在企业文化建设和推行工作中究竟能发挥些什么作用呢？

总体来讲，咨询公司在企业文化的导入、推广和评估阶段都能起到一定的作用。

企业文化的导入阶段是咨询公司最能发挥作用的环节。在这一阶段，企业可以借助咨询公司广阔的视野和丰富的经验，自己提炼和梳理出企业文化的理念体系，并发挥企业内部各方面的组织力量，将这套文化理念传承下去。

在企业文化的推广阶段，咨询公司所能发挥的作用十分有限，最多只能帮助企业开发一些文化产品，借此对提炼出的企业文化理念做出诠释，从而更好地传播企业文化。

此外，咨询公司还可以对企业文化推行效果进行评估，从而确定是否需要做出进一步的完善。

我们前面已经谈到，咨询公司只能为企业解决问题提供策略性的指导，而不能代替企业完成所有的工作。因而，在借力咨询公司推行企业文化的过程中，企业方面要做好咨询项目成果的承接工作，确保企业文化推行工作能够得到贯彻执行。那么，企业又面临一个问题：怎样才能承接好文化咨询项目的成果？

首先，在进行项目咨询时，必须选派企业内部人员，最好是今后的项目成果执行人，比如直线经理或企业文化部门人士，深入参与项目开展过程，确保在项目进行过程中就能够理解项目成果，为今后的项目成果执行梳理清思路。

其次，对于咨询成果本身的追求不可好高骛远，一定要契合企业发展实际。比如，企业文化理念的提炼要结合企业自身的业务特点、市场环境和发展阶段等关键要素，而不能只看到某个企业的某一理念不错，就要引进来，结果所有的理念都是优秀的，却与企业自身的发展没有太多关联性，找不到实施的参照点，这样的咨询成果就是大而无当的。

最后，对于企业文化的推行要下定决心，贯彻到底。很多企业在咨询项目开展过程中热情高涨，参与度极高，而到了项目落实和执行的环节，上层领导的重视度、各部门的配合度以及广大员工的参与度都大大缩水，出现了执行不力的局面，执行效果也大打折扣。因而，企业内部自上而下要始终保持推进企业文化的热情，确保企业文化咨询项目成果得到有效落实。

坤福说

公司经营的精髓之一就是分解工作，分配各种资源，把工作指派给最为合适的人。让专业的人做专业的事，只有这样，才能达到工作效果的最大化。

选准恰当的时机，及时推动企业文化变革

不管是建设企业文化，还是变革企业原有文化，都需要找准时机，寻求有利于企业文化推进的环境氛围。能否在恰当的时机及时推动企业文化变革，对变革的进程和结果有巨大影响。

美国南加利福尼亚大学教授特伦斯·迪尔与管理咨询专家艾伦·

肯尼迪合著的《企业文化：企业生活中的礼仪和仪式》一书堪称企业文化研究的奠基之作。该书指出，至少在以下五种情况下，企业家应该考虑重塑企业文化：①当企业一贯依靠价值观为动力，而环境正在发生根本变化之际；②当企业所处的行业竞争激烈，而环境迅速变化之际；③当企业业绩平平或每况愈下之际；④当企业确实就要成为一家大型企业集团之际；⑤当企业成长十分迅速之际。

上述观点极有见地，但描述过于笼统。对五种情况加以提炼，就是企业的内、外环境，企业的经营、发展状况发生变化之时，正是企业推进文化变革的良机。

事实上，企业文化推进和变革的契机远不止这些。从宏观上讲，当企业处于发展过渡阶段或企业经营战略发生较大转变时，都是进行企业文化变革、突破的好时机。

1. 企业处于过渡发展阶段

我们在前文里谈到了企业发展的三阶段理论，指出每个企业都要经历创业、成长、成熟三大阶段。而三大发展阶段之间的两个过渡阶段就蕴含了许多建设企业文化或变革企业文化的契机。

当企业处于创业期到成长期的过渡阶段时，企业发展到一定规模，在业内已经小有名气，取得了一定的市场地位，打算进一步加速扩张。这种情况下，企业急需统一思想以提升团队凝聚力，却苦于没有建立起自己的企业文化，或者既有的企业文化已经过时，这时就需要抓好企业文化建设工作，争分夺秒地开展推进文化建设工作。

当企业处在成长期到成熟期的过渡阶段时，这个时期恰恰是企业经营战略可能发生重大转变的时期，因而将其放到下文进行详细分析。

2. 企业经营战略发生较大转变

企业经营战略最有可能发生转变的时期出现在企业的成长阶段和成熟阶段初期，因为在这两个阶段，随着企业竞争实力的不断加强，企业可能增设子公司、兼并其他企业、谋求与其他企业的合作、发展多元化经营、进军海外市场等，当遇到这些转变时，原有的企业文化必然无法适应新的形势，或者不利于新形势下的企业发展，这个时候就是企业进行企业文化变革的黄金时期。下面将列举一些适合导入或变革企业文化的时机，虽不尽全面，但也蔚为大观，可供众企业参考。

（1）新公司设立或合并成企业集团。

（2）新年度开始。

（3）新产品开发与上市。

（4）配合国内或国际重大活动。

（5）企业周年纪念庆典活动。

（6）企业扩大营业内容，朝着多元化经营发展。

（7）企业改变经营战略。

（8）经营存在危机，经营理念需要重整与再建立。

（9）竞争性产品性格模糊，品牌差异性不明确。

（10）进军海外市场，迈向国际化经营。

（11）企业某类咨询项目启动。

不同的企业要根据本企业所处的情境，针对那些此前没有得到正视的问题或当下面临的挑战，确立企业文化变革的方向和目标。例如，恒大集团在企业发展初期，为了从竞争异常激烈的房地产行业中突围，在企业内执行规模化发展战略；当企业发展到一定规模之后，为了突出竞争优势，又走上了"规模+品牌"的双向发展道路，在企业内推行质量文化、品牌文化。恒大集团今日的成功正是得益于对企业文化的适时变革。

坤福说

　　企业文化改造工作只有秉持"合适的就是最好的"的衡量标准，与解决企业面临的突出问题相结合，才会现实可行，并且容易让人接受。

坚持闭环思维，企业文化建设才能有始有终

　　有了高层领导的支持，有了责任明确的企业文化管理队伍，并在咨询公司的助力下提炼出企业的核心文化以后，如何将这些文化内容融入企业战略发展规划和战略目标之中，融入企业的一切经营管理活动中，融入企业全体员工的岗位工作与任务完成过程中，即如何让企业文化落地，引导和推动企业的健康、良性发展，成为企业管理工作的重点。

　　企业文化落地，就是要把企业的文化理念变成全体员工的一致认识，并转化为高度一致的企业行为。可以想见，这是一项多么艰巨的工程。毕竟，组织规模庞大、人员构成复杂、人员流动性大，几乎是所有亟待建立自身文化的企业的共通之处。如何让企业全体人员在最

短的时间内迅速了解企业的文化？如何让有着不同思想认识、价值标准和利益诉求的企业人员认同企业的文化？如何让有着不同行为动机和行为习惯的企业人员按照企业文化的要求进行行为实践？这些是企业领导者和企业文化管理者必须面对的问题，如果缺乏系统性的规划及切实可行的方案计划，企业文化建设工作就无法进行下去。

具体地讲，企业应该事先制定出推进企业文化的策略、相应的预案、阶段计划等，每一阶段大致需要做些什么、可能用到哪些辅助工具，都应该事先有所准备。在计划实施过程中，根据实际情况，选择最优的方案，展开系列宣传和实践活动。不论是关于企业文化的宣传、教育、培训，还是企业文化的运用、实践、指导，往往都很难做到一步到位，因而需要适时跟踪检查，及时了解企业文化的推行状况，分析企业文化推行不力的原因，并在此基础上进行改进。

企业文化执行不力，通常不外乎以下几种原因：其一，企业文化建设质量不高，理念不符合普适性的社会价值或与企业的经营内容没有太大的关联性，员工不接受、不认同；其二，企业在企业文化实践、教育宣贯和企业文化管理领域滞后，导致员工难以将理念认知内化于心；其三，企业忽视了对行为规范、行为引导、行为约束和行为惩戒等支撑体系的建设，导致企业文化难以实践和落地；其四，管理层言行不一，"说一套，做一套"，导致员工对企业文化没有信仰；其五，管理者在进行了一段时间的企业文化实践以后，热情减退，渐渐放弃对企业文化建设工作的支持，使企业文化建设工作很难继续推行下去。

在执行目标的过程中，进行跟踪、检查、反馈，有始有终，这就是闭环思维。

企业可以通过沟通、评估和检查，发现问题的症结所在，然后对症下药，对不足之处加以规范、改进，以保证企业文化建设的方向正确和企业文化推行的效果显著。例如，针对第一种问题，管理者有必要重新进行一次企业文化的梳理和提炼工作，保证企业文化是优秀的、积极向上的，既与当下的社会价值观相符，又能反映企业的经营内容，能够切实作用于企业的发展。针对第二种问题，管理者需要重新进行企业文化传播的组织策划，一方面加强培训管理，另一方面综合利用CI系统、仪式等工具，加大对企业文化的宣贯力度。利用互联网和其他文化传播工具，搭建起平等、开放、协作、分享的企业文化平台，及时传播和分享企业文化信息，推动员工对企业文化认同感的产生。针对第三种问题，管理者要加快构建企业文化的制度支撑体系，利用制度背后的"热炉效应"（指组织中任何人触犯规章制度都要受到处罚）来规范和引导员工的行为，让员工依照企业文化的要求行事，逐渐培养良好的行为习惯。针对最后两种问题，管理者要认清自己在企业文化建设中的地位和作用，看清自己肩上担负的责任，始终端正自己的态度，以身作则地践行企业文化，做好表率，帮助员工建立企业文化信仰。

日本迅销有限公司主席、著名企业家柳井正极力推行闭环原则，并坚持改善的标准化，他曾经感叹说："我们知道，近年来很多企业都在追求改善，期望以此提升企业的执行水平。然而，很多较早推行执行力改善活动的企业，却遭遇了改善效果不持久的问题。其实，企业要想获得真正成功，并非简单地应用改善技术或方法，关键还在于企业是否存在闭环的基因，是否能够以一种事事闭环的态度来助推持续改善。"

坤福说

在企业文化管理中，由制定方案，到细化执行，再到检查评估，比对目标与现实效果之间的差距，找出差距产生的原因，并据此制定下一步改进落地效果的目标和对策，就是坚持闭环思维的做法。而计划、执行、检查、处理刚好是戴明 PDCA 循环机制的内容，PDCA 能够周期性地无限循环，持续解决企业文化建设和落地过程中出现的问题，使企业文化实践获得螺旋式的提升和发展。

企业文化建设需化整为零，逐一实现分解目标

企业文化建设是一项时间跨度大、牵涉面广、内容复杂的艰巨工程，必须事先做好战略规划和部署，有组织、有策略地进行，否则根本无法完成。对于那些比较长期、繁杂或浩大的目标任务，我们通常会将其分解为阶段性的小目标逐一实现，企业的文化建设工作一样可遵循这一惯例。

根据传统的阶段划分方法，我们可以将企业文化建设依次划分为设计组织准备、全面宣导推广和巩固改善提升三大阶段。

在设计组织准备阶段，主要是进行企业文化建设的组织准备工作，包括借力咨询公司制定企业文化大纲、员工手册；组建企业文化管理队伍，明确相关部门和人员的责任；在中高层管理者中普及企业文化常识，使其认识到当下建设统一的企业文化的可能性、必要性和紧迫性；确定企业文化推广工作计划等。

在全面宣导推广阶段，主要是进行企业文化的宣贯和推广工作。具体要做好以下几方面的工作，建立起企业文化的雏形：其一，要做好企业核心理念的宣传推广工作，通过管理者在会议上、工作中经常宣讲，通过开展企业文化内容培训等，使企业的价值观等核心理念得以全面推广；其二，要根据企业文化的相关理念，选定需要修订的目标制度，并制定相应的制度修订计划，建立起与企业文化相配套的、推动企业文化落实的管理制度，使优秀的企业文化理念得以固化；其三，要根据员工在企业文化理念宣贯过程中的反应，制定出员工易于接受和遵守的企业行为规范，企业也可以通过树立典范、标杆来引导员工；其四，要完善沟通渠道，建立双向沟通模式。管理者要做好企业文化的宣贯工作，不仅仅是组织安排各类宣讲、培训活动，自己也要言行一致，坚持践行企业文化。另外，管理者要做好监督反馈工作，对员工理解、接受乃至践行企业文化的情况要有清晰的了解，以便确定下一步的工作。

总之，在这一阶段，企业要做到让全体员工清楚了解并理解企业的愿景、使命、精神、价值观等企业文化的核心内容，将自身价值观与企业价值观统一起来，并在员工的执行力上得到体现。

在巩固、改善、提升阶段，主要是对初具规模的企业文化进行巩固、改善和提升，目标是在企业人员中建立起普遍的企业文化信仰，使员工的跟随度和忠诚度大大提升，企业的凝聚力和战斗力不断强化。只有在社会上树立起统一、鲜明、个性化的企业形象，企业的知名度和美誉度才能得以持续提升。

为了推动这一目标的实现，对内，要在企业内部建立企业文化的维护机制，在人员组织、资源资金、制度规章等方面保证企业文化的建设和落实工作；要定期对企业文化建设情况进行评估，根据评估结果制定相应的改善措施和下一步的工作计划，坚持闭环原则，适时导入 PDCA 循环工具，实现从计划到执行、检查、处理，再到新计划实施的持续提升。对外，企业要注意收集来自员工、客户、股东、合作者和广大社会公众的反馈信息，不断改善企业文化；要关注社会环境的变化，并评估环境变化对企业文化的影响，始终保持企业文化与外部环境的一致性。

坤福说

　　只有组织规划好各个阶段的工作，企业文化建设才能有条不紊地进行。

第三章

经营视觉形象，展示企业独特文化魅力

在新经济时代，公众的关注已成为企业经营中的一种重要资源。而要吸引公众的注意力，企业的形象经营不可缺少。而且，视觉形象是企业的一面旗帜，是企业系统文化建设的基石。借助企业形象识别系统将企业文化外化于形，有利于企业文化对内、对外的传播，是企业文化落地的重要路径。

将抽象的文化理念可视化，使企业更有竞争优势

建设企业文化的目的，不只是更好地管理员工，还在于对外彰显良好的企业形象。

企业文化的范畴既包括有形的、可视的内容，如企业的建筑、环境，产品的形状、包装，企业的制度文本等，又包括无形的、理念类的内容，如企业的宗旨、愿景、使命、价值观等。让企业文化外化于形，要做的就是将抽象的理念形象化、可视化，与有形的内容一起构成企业的形象，共同推进企业的发展。

使企业文化外化，将企业所倡导的理念，通过物化的形式，直观地展现在员工面前，可以加深他们对企业文化的认知度，进而潜移默化地使他们产生归属感和认同感，提升员工工作积极性，形成团队凝聚力。除此之外，优秀的企业文化还能吸引外界优秀人才，优化企业的人才结构，从根本上提升企业实力。

相对于内部员工而言，在面对外部市场环境的时候，企业形象作为一种重要资源，其本身所具有的传递信息的独特功能，能够起到宣传企业精神、扩大产品知名度、塑造企业形象的作用。而对企业形象的经营，则可以让企业实现资产增值，是资本运营的重要方式之一。

随着市场主体的增多、行业竞争的加剧，企业形象力逐渐成为企业市场竞争的重要砝码，企业的形象建设也越来越多地被企业家提上了工作日程。

企业形象之所以受到如此高的关注，与当前的市场形势息息相关。信息传播渠道的不断拓展更新，推动了科技的传播和扩散，很多新技术刚一面世，就被众多企业迅速掌握，基于产品功能或特点的产品差

异化策略无法持久推行。而基本的经营管理方法也被越来越多的企业所掌握，大家生产的产品和提供的服务也没有太大的差别，单纯以质量支持产品差异策略的有效性日渐削弱。与此同时，消费者的需求也逐渐由物质需求向精神需求转变。在这种背景下，企业间的竞争开始由质量竞争、价格竞争向形象竞争转变，由有形资产竞争向无形资产竞争转变。提升企业形象也就成为提高企业竞争力的关键。

需要指出的是，企业形象反映了消费者对企业产品、企业实力等的认知印象，这种印象可能清晰，也可能模糊；可能稳固，也可能松散。即使是一个在资金、技术、管理、人才等方面都占有优势的企业，如果它生产的产品不能在消费者心目中留下深刻的印象，那么，该产品在市场上也不会具有强竞争力。由此，我们不难理解市面上许多新产品在推出之际，总要为自己贴上某个标签，如小米全力打造一种"发烧友"的粉丝认同感，而罗永浩的锤子手机则直接以卖情怀为噱头。

因而，企业要从战略角度出发，以开阔的视野，全方位地塑造自身形象，使之富有独特个性和价值，让公众在接触这一形象的时候，马上联想到与之相关的价值内容，进而对该企业的产品产生好感。

山东朱氏药业集团有限公司的策划部门人员在对一款贴膏产品进行包装设计时，对产品的独有属性及关联情感进行了分析和利用，借助松柏、黑色与中药的元素，将人们对健康与长寿的情感需求表达出来，赋予了产品独特的品牌价值，因而获得了广大消费者的青睐。

然而，像上述案例中这般对产品形象有精准把握的企业并不多。

国内很多企业缺乏创新意识和创新能力，这种情况不但在产品生产和营销环节表现得十分明显，而且在企业品牌形象设计和推广上同样得到了印证。许多经营同类产品的企业都在彼此模仿甚至抄袭对方的产品形象，就连品牌形象竞争策略的选取，也是亦步亦趋地跟随那些具有成功经验的企业。彼此模仿的企业因为缺乏个性、缺乏形象价值内容，而无法在消费者心目中留下深刻的印象，因而也就难以形成具有独特竞争优势的品牌。

坤福说

　　只有提炼出独特的、有别于其他企业且与自身实际高度契合的文化要素，并通过特定的形式表现出来，让消费者可观、可感且印象深刻，这样的企业才有可能在市场上获得竞争优势。

借助企业形象识别系统，推动企业文化建设

　　企业形象识别系统是一个整体系统，包含视觉识别系统（VIS）、行为识别系统（BIS）和理念识别系统（MIS）三个子系统。企业视觉和行为识别是企业理念的视觉化和行为化，之所以通过不同的形式加以传达，只是为了使企业理念形象生动化，更加能吸引大众的眼球，更容易与将其产品其他企业的同类产品区分开来。

　　企业形象识别系统简称 CIS（Corporate Identity System），指企业有

意识、有计划地将自身的各种特征向社会公众主动地展示与传播，使公众在市场环境中对企业产生标准化、差别化的印象和认识，进而提升企业的知名度和美誉度的经营策略，CIS 最早兴起于 1914 年的德国，20 世纪 80 年代末 90 年代初开始在国内企业中传播开来。

要想让企业文化外化于行，就是要借助企业形象识别系统，通过企业形象广告、标识、商标、品牌、产品包装，以及企业内部环境布局、员工行为等形式向大众传达企业的理念。

我们知道，企业形象和企业文化是两个不同的概念。企业形象是指社会公众和企业员工对企业的整体印象和评价。企业文化则是企业及其员工共同持有的思想观念、价值取向和行为准则的综合。

尽管如此，二者在内涵上还是存在许多交叉点。比如，企业的理念层面，既是企业文化的核心，也是企业形象的灵魂；企业的制度层面，既是企业文化的重要组成部分，也是企业形象建立过程中着重关注的内容；企业的环境层面，既是企业文化中易为外界感知的部分，也是企业形象着力设计和塑造的部分。

此外，企业形象策划和企业文化建设都是围绕着全面提高员工素质、激发员工工作积极性和强化社会公众对企业的好感进行的，都是为了保证实现企业的整体目标，为了企业的生存和发展而采取的战略措施。我们可以将企业形象策划看作企业文化建设中的一个环节。

通常，一些优秀的企业可能早已形成了系统而独特的企业文化，得到了企业内部员工和社会公众的一致认可，就不需要再去重塑企业形象了。而那些企业文化建设刚刚起步，或者是企业文化存在落后、不完善等问题的企业，需要通过企业形象策划来推动企业文化建设。

那么，企业形象策划又是如何推动企业文化建设的呢？

第一，企业形象策划有利于促进企业精神的形成。所谓企业精神，就是企业在生产经营活动中形成的，为广大员工一致认可和尊崇的理想目标、价值观念等意识形态的概括和总结。企业形象策划的成果直接面向员工和市场，而员工的工作内容或工作成果同样面向市场，一旦在市场营销中获得良好的反馈，员工就会受到激励，进而提高工作积极性，同时坚持并传播、传承这种企业精神。

山东朱氏药业集团的企业精神是"诚信百年、创新百年，坚定不移地走健康、稳定、可持续发展的经营道路"，在这种精神的指引下，朱氏人高度关注产品质量和服务水平，希望用最好的产品和服务来回报用户、回报社会、回报国家；为满足人们对于产品功能多样化的需求，朱氏人时刻关注客户回馈，致力于解决客户遇到的任何与产品相关的问题，不断创新和研发新产品。在这种精神的引领下，朱氏药业品牌取得了很好的市场反响，客户的好评激励着朱氏人持之以恒地坚持和传承自己的企业精神。这样就在企业、员工和市场之间形成了一种良性循环，塑造出强有力的企业文化。

第二，企业形象策划能够增强员工团体意识。进行企业形象策划，必然要对企业的经营、管理理念进行系统的梳理和更新，对企业的制度层面进行调整和规范，对企业的环境层面加以改造和重塑。这三方面的工作都需要全体员工的参与。员工在参与企业形象策划工作时，会渐渐对企业产生认同感和归属感，进而自觉地遵从和执行企业的相关制度和理念。同时，员工在企业形象策划过程中的密切合作很好地强化了员工的团队意识，大大增强了企业的凝聚力和向心力。总而言之，员工的集体参与意识及由此产生的归属感和向心力，是企业文化建设的重要着力点。

第三，企业形象策划还能推动企业找准市场定位，谋求长远的发展空间。企业形象策划绝不是简单的设计，它是对企业成长战略和市场发展空间的全局性考察和长足性谋划。要对企业的经营范围、所处的空间环境、所面临的机遇与挑战、竞争对手的状况等外部环境，以及企业的资源状况、历史传统、人员素质、管理制度、文化推行情况等内部局势进行综合考察和分析，进而确定自身的发展方向和发展战略。企业在通过形象策划谋求生存和发展的过程中，相应地形成了自己的价值理念、道德信条和行为规范等一系列意识形态，这些意识形态渐渐演化为企业员工约定俗成的共识，成为企业文化的重要组成部分。

坤福说

我们绝对有理由相信，企业形象策划最终能够很好地推动企业文化建设。

整体谋划布局，使企业形象形成有机的整体

企业形象战略不仅要对企业外部表象的简单塑造，还要对企业的理念精神和成员的行为规范进行系统展示。其战略内涵的系统性决定了战略导入和实施的整体性及复杂性。

在企业形象识别系统的三大子系统中，MIS 是企业形象识别系统

的核心和原动力，是 BIS 和 VIS 建立的基础和依据。而其本身的抽象性又决定了它只能通过 BIS 和 VIS 的形式体现出来；BIS 以人为主体，表现为动态化和复杂性，无法简单、迅速地让社会公众了解企业的行为规范，因而同样需要通过 VIS 的设计与运作来传达给社会公众；VIS 以其具体、直观的特性，将企业理念精神和行为规范生动地表现出来，最易为社会大众所感知。在实施企业形象识别系统战略的过程中，只有做到三方兼顾，才有可能获得成功。具体的战略执行路径如下。

1. 理念行动化

第一，要将企业的经营哲学、精神文化等通过企业的高层领导贯彻到全体员工中去，通过全体员工的行为来加以体现。企业的理念诸如信仰、使命、价值观、经营哲学等，通常以口号的形式呈现。比如，恒大始终倡导"质量树品牌，诚信立伟业"；沃尔玛的经营理念是"顾客就是上帝"；IBM 公司则提出要"尊重个人、服务客户、追求完美"……这些口号只有落实到员工的实际行动中，变成全体员工的行为准则，才能获得社会公众的认可和接受，进而为企业树立良好的形象。

任正非曾提出"华为的追求是实现客户的梦想，为客户服务是华为存在的唯一理由"，这一理念自提出之日起，就成为全体华为人的行动准则。

1997 年年初，华为开发的一个新产品在北方某地第一次使用，由于其中一台设备出现了故障，客户当即向华为驻当地办事处求援，不巧赶上办事处的技术人员外出。面对这样的情况，公司决定派研究开发部的四名开发人员立即乘飞机赶过去，以最快的速度将设备恢复到正常状态。

四名开发人员一到办事处，就同办事处的人员迅速赶往故障设备所在地点。由于当时已经是21：00了，路况很差，华为一行人迷了路。当大家好不容易在凌晨1：00左右赶到县城的时候，却被告知故障设备在60千米以外的小镇上。顾不上休息，众人又连夜赶路，终于在凌晨3：00赶到了现场。开发人员赶紧给设备调换配件，经过反复调试，设备恢复了正常运作。

华为人的这种快速响应的作风，让更多的客户愿意与华为成为长期、稳固的战略伙伴，这为华为公司的持续发展提供了新的动力。

第二，要将企业规范化的内部管理制度内化为全体员工的自觉行为，才能保证管理制度得到合理的贯彻和落实。如果无法在全体员工中得到贯彻实施，再怎么系统、完备的制度都只是一纸空文。

第三，要通过一定的教育和训练，培养员工的责任意识，让他们时刻注意自己的精神风貌和仪表态度。我们应该知道，代表企业形象的绝不仅仅是企业家、企业高层领导、企业英雄、企业模范，任何一名员工的得体举止、竭诚服务和敬业精神都能给企业形象加分。同样，员工工作上的疏忽带来的产品质量和服务质量问题，员工不得体的穿着、不当的言行举止、不负责任的工作态度也会对企业形象造成损害。

某公司销售小李与客户相约周一上午9：00见面，不料竟遇上了雨天。

上午9：01，浑身湿漉漉的小李赶到了客户公司，他一只手拿着雨伞，另一只手拿着公文包进了客户的办公室。客户看到他之后面露些许不悦，帮小李把滴水的雨伞拿到了办公室外。

接着，客户与小李握手，小李随口说："这地方好难找，我花了好大的工夫才找到这里。"

客户说道："这栋楼的左面就有一个车站。"

小李说："是吗？我不知道。"随后，他就拽出一把椅子坐在办公桌旁，一边从公文包中拿出资料，一边说："哦，非常高兴认识你。现在，我们就说说订单的事情吧！"

这时，客户打断了他，对他说："我也很高兴认识你。不过，我们最近的项目有些变动，还需要重新考核。要不，你先把资料留在这里，有需要的时候我给你回电话吧。"说完，就让小李离开了，合作也不了了之。

案例中，销售员小李一系列不得体的言行举止，给客户留下了糟糕的印象，间接地破坏了企业在对方心目中的形象，使对方毫不犹豫地放弃了与小李所在企业进行合作的想法。

因而，企业形象识别系统战略的实施，一定要通过特定的教育和培训（礼仪训练、素质训练、技术训练），端正员工的工作态度，强化其责任感，使其认识到自己与企业是一荣俱荣、一损俱损、休戚与共的关系，进而为塑造企业的良好形象不懈奋斗。

2. 理念、行动视觉化

企业可以借助报纸、杂志、广播、电视、户外广告等大众媒体传播方式，或者通过企业内部的办公用品、办公室环境的设计与装饰及企业公益活动等非大众传媒形式，对自身的理念精神、行为规范及企业标识等信息进行大力度、全方位的传播，在全社会树立良好的企业形象。

3. 企业视觉形象设计

在企业视觉形象设计方面，企业标识、企业标识字体、企业象征图形组合系统、企业标准色调系统要充分体现企业的经营理念和精神特质。

诸如企业名片、职员身份识别卡、信纸、信封、邀请函、证书、贺卡、贵宾卡、公文纸等办公用品，员工的四季办公服装、礼服、服饰配件、公文包，办公室环境的空间设计与装饰布置等，都应该具有企业特色，展现企业文化的内涵。

坤福说

要想提升企业的知名度与美誉度，让企业在以形象力为核心竞争力的当下市场中获得领先优势，需要对企业形象进行整体设计。而做好企业形象设计工作，则有赖于对企业形象识别系统的全面掌握与运用。

融入企业文化理念，打造适宜的办公环境

让企业文化外化于行，我们不妨从企业文化的可视面开始，先易后难，一方面为后续的理念外化工作积累经验，另一方面可以让员工更多地感受到企业文化，在耳濡目染之下

逐渐适应并认可企业文化，最终转化为行动力。

在企业文化的可视面中，环境层面是最为直观的部分，比如企业建筑、厂房、车间、办公环境等。因而，企业可以从改造环境开始，打造一流的视觉文化，以吸引企业员工和广大消费者的关注。

客观来说，环境是人们最直接，也是最容易观察到的内容，人们往往会透过企业的建筑和办公环境的布局来推测该企业所倡导的文化理念。

看到一家公司不同职位的人混坐在同样大小的卡座里办公，即便高层领导拥有自己的办公室，也总是敞开着大门，允许员工自由进出。我们会据此推测，这应该是一家提倡平等、公开的公司。相反，如果该公司不同级别的人分配到的办公空间在面积大小、布局装修上具有明显差别，上下级之间存在明显的空间间隔，高层经理办公室门口有专人把守，走廊寂静无声，则表明这家公司的文化必然趋向保守和官僚化。

透过企业的建筑外观和室内设计，人们还能感知其企业文化基调。如果企业的大堂里有国画、书法、文物一类的装饰品，这应该就是以中国传统文化为根基的企业。如果企业的文化基调偏向现代化，其在企业建筑外观和室内设计上可能就会选择高科技或时尚型的元素来加以装点。此外，我们还能从企业在建筑和环境的其他安排上了解其企业文化。比如，通过观察员工餐厅、休息室、卫生间这样能体现员工福利待遇的环境设计和装饰，便可以对企业在人性化方面的基本思路有所了解。

因而，企业在设计办公场所时就应该考虑如何与企业文化理念相适应，在建筑外观和室内设计、装饰方面充分体现企业的价值观和基调，成功塑造企业的办公环境，使之成为企业总体形象的有力组成部分，让环境与企业文化相融相生。

另外，办公室、生产车间的环境状况会对员工的工作情绪和工作效率产生影响。如果一名员工的办公桌、操作台混乱不堪，他的工作状态必然十分糟糕，很有可能错误频出。如果一个车间里杂物堆积，生产线上随处可见大量在制品，这个车间的工作人员必然不会有太高的工作效率，可能还潜藏着深层次的诸如生产浪费、产品质量不可靠等问题。为了改变这种不利于企业发展的局面，很多企业纷纷选择在企业内部导入和推行精益 7S（整理、整顿、清扫、清洁、素养、安全和节约 7 个方面）工作法，通过整理、整顿、清扫、清洁等系列工作，让工作现场变得井然有序。因为所有的物品和工具都被整齐地安置在最便于取放的位置，操作变得简单易行，不仅大大提升了工作效率，就连工作质量也得到了控制和保证。因为没有混乱的掩盖，工作中一旦出现问题或产生偏差，会很容易被发现并在最短的时间内得到处理。当员工尝到在整洁、有序的环境里工作的甜头后，必然不会让自己再度陷入无序、混乱的局面中。他们会尝试着将这种舒适、高效的环境和状态延续下去，在这种思想的引导之下，员工素质自然而然就得到了培养和提升。

从企业文化建设的角度看，环境层面的东西对员工有着最直接的影响。

无论企业的文化理念多么优秀，管理组织多么健全，推进策略多么得当，文化产品多么生动形象，如果员工在日常工作和生活的环境中感受不到企业文化的存在，企业文化建设工作一样达不到既定的效果。因而，企业在布置办公环境的时候，一定要尽可能地融入企业倡导的理念文化。

在企业环境改造中，我们需要融入哪些文化元素呢？事实上，只要能创造条件和机会，一切形式的企业文化都应该加以利用。比如，企业可以专门设置文化廊、展厅、宣传板，也可以充分利用前台、会议室，甚至各个办公室的门牌、办公室内的墙壁、日历卡、工作证等，对企业的愿景、使命、价值观、管理原则、经营理念等加以宣传；还可以在生产车间设立工作看板，列明一些工作要求和规范；在销售部门所在区域设立销售英雄榜，标明近期工作任务和目标，以及上一季度的业绩排行榜……当然，这种宣传工作一定要把握好尺度，如果宣传过于密集、泛滥，容易引起员工的焦虑、反感和抵触，一样达不到目的。

> **坤福说**
>
> 将企业倡导的文化理念和文化元素灵活地融入企业的各个组织环境中，进而塑造出理想的环境氛围，这样就可以在无声无息中让员工接触和感受到企业文化的气息，潜移默化地引导和约束他们的行为。

与外部环境互动，提升企业形象力和竞争力

打造一流的视觉文化，企业除了要注重内部环境的改造

外，还要与外部环境保持良好的沟通和互动。企业的外部环境可分为具体环境和一般环境。所谓具体环境，就是指包括同行、供应商、客户、政府在内的与实现企业目标直接相关的那部分环境。而一般环境则泛指组织外的一切环境，包括经济、政治、社会和技术四大环境面。

正如我们在谈及企业形象时所提到的那样，与企业竞争力息息相关的企业知名度和美誉度是以社会公众的评价为准绳的。因而，企业的生产经营活动只有放到具体环境中，接受社会公众的检验与评价，企业的价值才能得到肯定。一家企业要想获得长足的发展，就一定要有与具体环境共同发展的决心和意志，与具体环境形成统一的价值追求，相互配合，不断创新，形成价值链和利益共同体。唯有如此，才能在当下的竞争环境中取胜。

如果企业的最高管理者将大部分的时间和精力都花费在企业内部的管理和整顿上，忽视了与环境的及时沟通和互动，那么该企业的发展就会受到制约，因为社会公众对企业信息一无所知，无法形成价值认同。

不可否认，大数据时代的来临，为企业迅速跟踪市场信息、掌握核心技术提供了便利，但随之而来的瞬息万变的市场形势，也让企业面临更多的风险和竞争。在这种局势下，企业最明智的做法就是，将经营重心从企业内部转到企业外部，将关注点从人才、资金、技术、产品等内部因素转向顾客、渠道、供应链等外部因素上，通过延伸企业的价值取向来获得价值链上利益共同体的认同。

综观国内的成功企业，它们之所以具有竞争优势，原因之一就是其能与具体环境进行及时有效的沟通。

马云从中小企业发展的困局里看到商机，预见网络对于企业发展的重要性，并且说干就干，一手创办了服务于广大中小企业群体的阿里巴巴。而阿里巴巴服务的主体对象——中小企业，虽然没有大企业所拥有的雄厚实力，却在数量上占有最大比重，市场非常广阔。阿里巴巴联手中小企业，同大企业进行较量，以速度为武器，仅用了短短十几年的时间就发展成为全球最大的电子商务公司。

同样，如今的地产巨鳄恒大立足于打造民生地产，以行业后起之秀的身份逆势崛起，以黑马之姿狂飙突进，用不到20年的时间发展成为行业领跑者，其在跨界进入快消领域后，依然坚持立足民生的宗旨，致力于打造民族品牌，先后创造了30天拿下50亿元矿泉水销售订单、一场粮油订货会创造119亿元销售纪录的快消传奇。

除了具体环境外，企业还需要关注的还有一般环境，即社会大环境。这个环境直接决定了整个商业领域的发展趋势。比如，改革开放政策的出台，直接掀起了一股商业狂潮，使我国经济发展迎来了春天；20世纪，以电子和计算机革命为时代特点的技术环境，使拥有强大加工能力的中国顺势获得了飞速发展；而21世纪，环境的转变则要求中国不断提升创造力，才能保持竞争优势。事实表明，环境决定趋势的情况无可更改，而在残酷的市场竞争中，企业唯一能做的就是时刻关注环境的变化，不断完善自身，争取与环境同步。

面对当前全球化这一最大的环境趋势，哈佛大学经济学教授丹尼·罗德里克一针见血地指出："这不是你要不要全球化的问题，而是你如何全球化的问题。"如何拥有全球思维的能力，站在全球环境下进行产业布局，让自己真正融入全球化的环境中，是国内企业面临的一致问题。在这方面，华为的做法堪称表率。

早在全球化这一趋势初露端倪的时候，华为集团创始人任正非就在华为内部建立了一套国际化逻辑，并开始为进军国际市场做准备。据一位长期负责华为国际市场宣传的人士回忆，从1996年开始，华为每年都要参加几十个国际顶级的展览会，一有机会就到国际舞台上展示自己。以参加国际电信联盟（ITU）在日内瓦举办的展览会为例：1995年，华为仅仅是以参观者的身份出席；1999年，华为开始正式参展；到2003年再次参展的时候，华为租下了一个面积达505平方米的展台，成为当时展台面积最大的厂商之一，给西方电信运营商留下了震撼性的印象。

基本不在媒体面前露面的任正非甚至对下属表示，华为应该多接受国际媒体的采访，他说："我们在国际市场上需要发出适当的声音，需要让别人了解华为。"除了不断地利用国际展览会和论坛发言的机会，积极在国际市场上亮相，发出自己的声音外，华为还专注于高科技产品研发和品牌推广。华为在企业内部制度和管理机制上也努力与国际接轨，积极引入国际著名企业为其做管理咨询，不断培养员工的国际化视野……

凭借敏锐的预见力和对全球市场环境的关注，华为发展成为国际市场上强有力的竞争者。即便在面临2008—2009年那样的全球性金融危机时，华为也能保持良好的发展态势，安然过冬。

坤福说

> 关注时局，重视与外部环境互动，不断顺应变化的环境和趋势，从思想到行动上对自身进行系统完善，抓住机会，发出声音，是提升企业形象力和竞争力的重要手段。

注入文化的内涵，打造企业品牌的稳固根基

与环境互动，品牌无疑是最好的连接点。一家企业如果没有拿得出手的、能为社会公众广泛认可的产品和服务，没有形成自己的品牌，即便参与再多的展览会，在媒体上露面再多次，内部管理做得再怎么出色，于自身企业形象也无所增益。

那么，何谓品牌？品牌与文化又有着怎样的关联呢？

"现代营销学之父"菲利普·科特勒对"品牌"一词做了如下解释：品牌是指将产品或服务同竞争者区别开来的名称、名词、标记、符号或设计及这些要素的组合，以及在这些要素组合中沉淀的文化特质和该产品或服务在经营活动中的一切文化现象；同时还包括这些文化特质和现象背后所代表的利益认知、情感属性、文化传统和个性形象等价值观念的综合。

要将企业的产品和服务与竞争者区分开来，最好的办法莫过于在产品中融入企业的文化内涵。毕竟，由于每一个企业的发展背景、发

展历程，以及企业家的个性、成长经历和受教育程度不尽相同，伴随企业的发展逐渐衍生出来的企业文化自然也是千差万别、各具特色的。企业品牌一旦融入企业独特的文化基因，就会很容易使其产品与行业中其他产品区别开来。

另外，企业之所以愿意花大力气进行企业文化建设和推广，无非就是为了在企业内部统一思想，提升团队凝聚力和向心力；同时将自身优秀的文化特质通过一定的载体展现在社会公众的面前，获得良好的认知度和信誉度，共同服务于企业的长远战略发展。基于企业独特文化内涵塑造出来的品牌，在企业与环境互动、与社会沟通的过程中，成功地将企业的经营理念、价值取向和精神特质等展示出来，从而达到在社会上建立良好信誉和形象的目的。

品牌形象包含内在的产品形象、品牌文化形象和外在的品牌标识系统形象、品牌信誉四大要素，只有四个要素中都注入企业文化的内涵，品牌才会拥有扎实稳固的根基。

品牌形象是建立在消费者对于产品功能的体验性认知基础上的。消费者在认可某种产品的同时，也会对企业注入在该产品上的文化理念加以关注。

> 洽洽食品股份有限公司推出的洽洽瓜子，采用独特的中草药添加煮制工艺，成为广受消费者青睐的坚果产品。而洽洽品牌也因其创新、健康的文化理念，获得了极高的社会评价。

品牌文化形象是指社会公众对品牌所体现的品牌文化的认知和评价。它本身就是企业文化的重要组成部分，自然蕴含着极深的文化内容。比如，苹果手机体现的是美国的创新文化，丰田汽车则体现了日本的品质文化。

品牌标识系统包括品牌名、商标图案、标准字体、标准色以及包装等产品和品牌的外观。这是企业文化物质层面的内容，亦是企业形象策划中 VIS 的应用要素范畴。考虑到社会公众对品牌的最初评价来自其视觉形象，通过品牌标识系统把品牌形象传递给公众无疑是最直接、最快速的途径。企业的品牌标识主要应用于企业的营销活动中，在企业形象策划的 VIS 策划环节可以着手对广告用品和产品包装、商标图案等进行系统策划。比如，在产品和活动的宣传上，是采用单一宣传形式，还是综合运用多种形式进行多维、立体宣传？假设仅以报纸为宣传阵地，是选择整版投放，还是半版或专栏形式？总之，任何宣传形式都以抓住公众的眼球，提升企业和产品知名度为最终目的。

品牌信誉是基于消费者和社会公众对产品的认知与评价而产生的。企业只有在产品品质、服务、技术各方面严格把关，同时按期交货、及时结转应付款项，做好售后服务、承诺服务等，才能够获得品牌信誉。

日本 JANOME 公司生产的缝纫机在国际上享有很高的知名度。某年的一场特大型水灾，让很多客户家里的缝纫机遭到了损坏，JANOME 公司为这些客户提供了免费维修服务，在一个月内累计维修了 800 多万台缝纫机。水灾事件之后，公众对 JANOME 公司交口称赞，JANOME 品牌在大众心中树立了高层次、高质量、优质服务的形象。同行业企业在 JA-NOME 公司的"打击"之下，市场份额明显缩水，JANOME 公司自此独步天下。JANOME 公司在维护品牌信誉的过程中无疑传达了"诚信""担当"的企业文化。

坤福说

一流的品牌必然是高度体现企业文化并与企业文化相融相生的品牌，通过企业形象策划和实施推广，鲜明地向社会公众传达出企业优秀的文化理念。

让员工参与文化产品制作，有效传播企业文化

企业文化光有理念显然是不够的，必须把那些高度概括的理念丰富化、具体化，让员工看得见、够得着，这样，他们才有可能接受企业文化，进而去规范自身的行为。将企业文化理念以丰富多样的文化产品为载体呈现出来，无疑是帮助员工理解和接受企业文化的理想途径。那么，什么是企业文化产品呢？

我们都知道，企业文化产品是用以传播企业文化的载体。因而，企业文化所囊括的内容就是企业文化产品的范畴，包括企业的愿景、使命、价值观等文化理念层面的内容，企业发展目标、管理行为等战略性内容以及企业的制度规范，企业发展过程中获得的荣誉、出现的先进人物等。传播内容的丰富性决定了企业文化产品形式的多样性。企业发展故事、先进人物事迹、仪式、企业宣传片、文化手册、管理大纲等，都属于企业文化产品。

就企业文化产品本身而言，好的企业文化产品由于主题鲜明、形

式生动，既贴近员工的工作和生活，又与社会潮流接轨，能够促进员工接受相应的企业文化理念。但更好的做法，是让员工亲自参与企业文化产品的创造。

每个人都存在这样一种参与意识，只要是与自己有关的事，都希望能够了解或参与得更多。如果一个人的参与欲望得到了满足，其工作热情和工作积极性就会大大提升。反之，如果这种欲望得不到满足，这个人就会丧失工作热情，工作积极性也会降低。这就是心理学上的参与效应。它给企业管理工作带来的启示是：管理者应该让员工参加组织的决策过程以及各级管理工作，让员工与管理者共同商讨企业中的重大问题，让他们感到自己是被信任和尊重的，这样他们的责任感也会被激发出来，进而满怀热情地投入到工作中去。此外，员工参与组织讨论和决策，还能促进组织内部的沟通和协调，进而提升团队凝聚力。

3M公司已有百年历史，历来注重为员工提供宽松、自由的创新环境和资源。这一点，不仅使它的产品种类达到近6万种，成为世界上最著名的多元化企业之一；更重要的是借此建立起来的企业文化吸引和培养了大批才华横溢的员工。

3M中国有限公司的人力资源部经理曾说，3M的员工要勇于创新，要懂得掌握方式方法，主动把事情做好。在3M公司，领导者更希望听到员工这样说，"我还有一个想法能做得更好"，而不是向领导者询问具体的解决方法。因此，3M公司鼓励员工在做好自己的本职工作或主管分配的工作之外，自己去做一些感兴趣的事情，或者尝试一些特别的工作方法。人力资源部经理说道："我总是告诉我的员工，勇于尝试是创新的开始，敢于冒险更是成功的基石。" 3M 公司从来没有员工因为希望多做点事情，结果没有做好而被惩罚的例子。

在 3M 公司，员工只要有想法，领导者就会鼓励其勇于尝试。愿意参与企业内部建设、勇于创新的人，在 3M 公司总会有更多的机会、更好的待遇。

与商品创意一样，让员工参与企业文化产品的创造，不但能满足员工的参与欲望，而且能为企业文化建设和落实工作清除许多障碍。我们都知道，一家企业的发展是全体员工共同努力的结果。如果员工不认同企业的目标和经营理念，不遵从企业的制度和行为规范，缺乏团队归属感和组织参与感，企业的执行力会遭受严重损伤。相反，如果员工普遍具有强烈的团队归属感和组织参与意识，一致认同企业的价值理念和制度规范，那么企业将拥有强大的执行力。企业文化建设的目的就是统一员工思想，形成共同的价值取向，以推动企业战略目标的实现。如果不能激发员工的参与意识，得不到员工的积极、广泛参与，企业文化建设工作就不可能真正得以执行。

企业文化产品的开发大致可分为构思、采集、制作、传播四个阶段，每个阶段员工都可以参与进来，并发挥自己的作用。以能够激发团队行动力的榜样评选为例，在榜样产生的构思阶段，因为一个人的思想和阅历终究是有限的，为了制定出能让员工信服，进而能够激发员工工作积极性的榜样评选办法和奖励手段，企业文化构思部门可以将相关信息发布出去，通过会议讨论或其他形式，广泛征集员工的意见和建议，确保得出一套合理、有效的实施办法。在产品采集阶段，员工可以讨论确定采集的范围、频率，并在实际工作中互相监督。在制作阶段，广大员工可以通过投票的形式，参与榜样模范人物的评选。在传播阶段，企业可以召开全体员工大会，在重大节庆时举行榜样员工颁奖仪式，在企业内部张贴光荣榜，或者将员工的榜样行为以故事的形式写到员工手册中或通过影像的形式展示出来。榜样员工本身就是一种强大的宣传"武器"，而其他员工则会在榜样的激励之下不断提升自己的职业化意识和能力。

让员工参与文化产品的创造，不仅要发动员工广泛参与企业文化产品开发的整个过程，还要从形式上保证尽可能多的人能够参与其中。比如，上面谈到的榜样评选，只有保证整个过程的公开、透明，选举结果才会具有说服力。而员工参与评选名目、准则、监督办法和奖励措施的制定，参与榜样的评选，无疑更能激发和调动员工参与企业文化建设活动和工作的热情。很多企业虽然经常举办舞会、酒会、歌咏比赛、征文比赛一类的活动，但对于那些"不谙此道"的员工而言，就只有"干瞪眼"的份儿。

因此，企业文化管理者要设计多种多样的企业文化产品形式，尽可能地让更多的员工参与进来。

山东玛尔思企业管理咨询有限公司作为一家致力于为各类大中型企业解决管理难题、提供咨询和培训的机构，在让员工参与企业文化产品的创造方面有自己的一套心得：公司建立了官方网站和微信平台，有与大型企业开展合作项目的视频集锦；每日组织员工做早操和眼保健操以做到劳逸结合；组织员工参与工作环境的清洁维护；每周两次茶话会，员工轮流主持，就工作中出现的问题向同事请教，或就当下某些时事热点进行讨论、分享心得……员工之间的关系非常和谐，上下级间的沟通也十分到位，员工的工作热情和工作积极性都很高。

坤福说

　　企业文化产品作为企业文化的载体，在创造过程中，只有保证员工在过程和形式上的广泛参与，才能使企业文化得到切实有效的传播。

第四章

企业文化外化于"行"，加深员工具象化认知

　　企业中，人才是本，文化是魂。大凡成功的企业都有其独特的企业文化，也都有一个塑造文化，把文化外化，进而形成内外合力，促进企业更好发展的过程。

在企业播种一种观念，就会收获一种行为

企业文化之所以重要，是因为它影响员工的思维模式和行为模式，从而影响产品和服务的质量。

美国学者威廉·詹姆斯说过："人的思想是万物之因。你播种一种观念，就收获一种行为；你播种一种行为，就收获一种习惯；你播种一种习惯，就收获一种性格；你播种一种性格，就收获一种命运。"将这条哲学名言概括一下，就是"播种思想，收获命运"。

一个有关行为塑造的学说——冰球理论告诉我们，如果想把方的冰块变成圆的冰球，那么第一个动作是把方的冰块从冰箱中拿出来解冻，把它变成水，第二个动作是把水装入一个圆的容器里，第三个动作是把圆的容器放进冰箱使之结冰，这样得到的就是一个冰球。

企业文化建设其实就是一个通过影响与评价来增加员工积极性、抵制消极性的过程，就是一个从计划制定到措施执行，再到目标实现的紧盯不放的过程，是一个在潜意识中不断强化执行理念的过程。只有做好这一工作，企业才能形成自己的文化，使员工养成追求卓越的习惯，提升企业的核心竞争力。

当初，丰田公司为了实现"产品要更好，价钱要更便宜，好主意建设好产品"的企业最终目标，首先从合理化建议入手，开展了合理化建议运动。丰田公司从1952年开始推行这一运动，遇到不少困难，每月收到的建议都寥寥无几，第一年才收到100多条建议。但是，丰田的领导层并没有退却，而是坚持动员，坚持行动。到了1974年，丰田公司收到

了 40 多万条建议，采用率达到 79%。1975 年，丰田公司一天就要收到 2000 条建议。1977 年，丰田公司发放建议奖金 4 亿多日元。"丰田精神"自此形成。

闻名遐迩的美国西点军校，自 1802 年在风景如画的哈德逊河西岸建校以来，已有 200 多年的历史。这所军校为美国培养了两位美国总统、四位五星上将、3700 多位将军，因而被誉为诞生将星的超级军校。同时，这所军校也为商界培养了无数的商界领袖，在世界 500 强企业当中就有 1000 多位董事长、2000 多位副董事长、5000 多位总经理级别的领导曾在西点军校就读。

据说西点军校有 22 条军规，排在前三条的军规分别为无条件服从、没有任何借口、细节决定成败。不难理解，这三条军规的实质就是强调高效的执行力。在西点军校里有一个被广为传诵的悠久传统——遇到军官问话，只有四种回答："报告长官，是！""报告长官，不是！""报告长官，不知道！""报告长官，没有任何借口！"

正是这种苛刻到极致的规定，练就了西点每一个学员强大的执行能力，让全力以赴地执行成为他们一生中深入骨髓的理念。

从西点军校的培养模式不难看出，文化的培养就像在做一个企业行为规范的"模子"。企业在向员工灌输文化理念的基础上，把员工的自我行为放到企业行为规范的"模子"里，对符合"模子"需要的行为予以保留，对不符合"模子"需要的行为加以规范，使其慢慢变成企业所希望的样子。

山东朱氏药业集团是全国知名的医疗器械生产企业。公司有一个上下两层的职工餐厅,每层的面积一样,都是3500平方米。其中,一楼有800多个座位,供应10元一份的标准餐;二楼有1200个座位,供应自选餐。餐厅可同时容纳2000多人就餐,每天供应40个品种的菜色,每天推出一个特价菜,每周更新一次菜单。菜价最高12元一份,四菜一汤的标准餐只需10元一份。

就餐大厅空间宽敞明亮,桌椅板凳摆放整齐,地面光洁如新,就连餐厅的操作间也是全透明的。据朱氏药业集团的工会主席介绍,餐厅已运营三年。中午,职工在二楼的自选餐厅取餐时井然有序,有两条就餐通道,四名刷卡服务员。

职工就餐完毕,会随手用就餐时领用的餐巾纸把桌面抹得干干净净,自觉将自己的餐具送到餐厅边上的回收点,并把不同的餐具分类放入相应容器内,然后再离开餐厅。整个二楼只有两名清洁工,分别在餐厅的两头负责处理就餐结束时职工送回的餐具。

餐厅内没有人吐痰、抽烟、喝酒,也没有人大声喧哗,更没有人把脚跷在凳子上。据管理人员讲,餐厅制度规定,一旦发现有人抽烟、吐痰,一次处罚500元。刚开始实行此规定时,主要通过各级组织培训、现场规范、文明行为讲评等方式宣讲,几个月下来,职工慢慢地养成了习惯,习惯成自然,现在不用人去讲,职工会自动自发地去做。

另外,朱氏药业集团有个规定,无论是上级领导还是外来客户到访,集团都会安排他们到职工餐厅就餐。

职工在山东朱氏药业集团的餐厅里面就餐，体会的是一种享受，感受的是一种文化。而职工的这种习惯，如果没有最初的教育灌输、行为规范、文明讲评，包括对不文明行为的严厉处罚等措施，是不可能形成的。

思想是行动的先导，干什么事情，都要做到思想先行。要让员工明确我们要做什么、为什么要这样做、这样做有什么意义，进而在思想上明确企业文化有哪些理念，有什么样的企业精神和使命愿景，能够按照理念、精神的要求自觉地规范自己的行为。要时刻记住一点：企业文化是需要灌输的。

坤福说

有人说，谎言讲1000遍也会变成真理。这句话虽然说得有些偏颇，但也说明了灌输对于人的心理的重要影响。所以，要向员工灌输企业精神和理念，就要懂得思想是行动的先导，就要理解冰球理论的意义。

文化管理柔能胜刚，以情感直击员工内心

文化管理与制度管理的最大区别在于：制度是刚性的，是通过权威在起作用；而文化是柔性的，是一种情感管理。如果说制度的强制性会引起员工的反感和排斥的话，文化管理无疑能克服这样的难题。这就是很多拥有完备的制度体系

的企业仍然倾力打造企业文化，推行企业文化管理的原因之一。

管理学上有一个温暖法则（南风法则），该法则源于法国作家拉·封丹创作的一则寓言。

北风和南风进行威力比拼，看谁能把行人身上的大衣脱掉。北风首先施展威力，裹挟着一股冷气呼啸而来，行人无法忍受这样刺骨的寒冷，纷纷裹紧了身上的大衣。南风徐徐吹动，带来阵阵温暖，行人三三两两地解开了衣扣；南风再接再厉，随着温度渐渐上升，大家纷纷脱下了外衣。最终，南风获胜。

这则寓言告诉管理者，在日常的管理工作中应该对员工进行感情投资，尽可能多地给予员工关爱和尊重，最终会换来员工紧紧的追随、积极的行动和优秀的业绩。

管理者首先要牢牢抓好骨干员工的思想教育工作，将企业的经营理念和价值取向明确地传达给他们。同时，向他们展示企业发展的美好前景。当发现他们在工作中出现与企业价值观相悖的行为时，要通过恰当的方式及时给予提醒和指正。要让他们感受到管理者的提醒是出于善意。

日本伊藤洋货行董事长伊藤雅俊无奈解雇前总经理岸信一雄，以及联想集团当家人柳传志"挥泪斩马谡"，遣走孙宏斌，两大事件都曾经轰动一时。之所以会造成那样不可挽回的局面，是因为管理者没有在思想上给予骨干员工足够的关心，一开始就没有想到要向他们灌输企业的价值理念和经营理念。因为看重他们突出的工作能力和工作业绩，当他们出现违背企业制度和经营理念的行为时，管理者一味姑息纵容、不予制裁。结果，他们愈发肆无忌惮地破坏企业制度、规则和文化理念，给企业带来了极大的负面影响，两大企业家不得不忍痛割爱、断腕求生。

山东朱氏企业培训有限公司的董事长，在这方面就做得很好。

这位董事长偶然发现自己一度信任的副手，竟然利用自己下放给他的部分签字报销的权力，为自己多报多领经费。面对这种情形，董事长觉得，要揭穿他吧，担心撕破脸、伤和气，如果不管不顾，又影响风气，可能给其他员工带来不良影响。正当他左右为难之际，一个刚从部队退役的老同学给他支了招，告诉他，部队中有一种名为"咬耳朵，扯袖子"的干部管理办法，专门用来教育那些大局观念不强、思路不开阔、有利己主义心理的干部。董事长参照这一办法，在企业内部组织召开高层会议，提醒大家说："我们都是公司的领导、单位的骨干，我们的一举一动全在员工的监督之下，都会对员工产生重要的影响。所以，要想有威信，要想工作顺利，自身就要行得端、做得正，处处以身作则，严格要求自己。严格要求包括什么呢？其中之一就是不能占公家便宜。"

这样一来，既给当事人提了醒，又给那些没有犯错的干部员工打了预防针，可谓一举两得。

除了在思想上关心员工外，管理者还应该尽可能地为他们创造和争取培训和实践锻炼的机会。很多大型企业都十分重视员工培训工作，建立了系统化的员工培训机制。

此外，管理者不仅要关心员工的工作，还要顾及他们的家庭生活，当员工在生活中遇到困难时，要力所能及地提供帮助。

毛泽东同志曾经说过，干部要时刻关心战士、体贴战士。我们的干部要时刻关心战士的疾苦，解决战士的困难。只有这样，才能使我们的军队真正成为一个充满阶级友爱、充满阶级感情的革命大家庭，才会使我们团结得像一个人一样，成为不可摧毁的力量。干部对战士无微不至的关照，让战士满怀感激和敬仰，进而自动自发地服从命令、听从指挥。反观许多企业管理者，因为平时对员工缺乏关爱，整日不苟言笑，对员工动辄训斥，不给员工半点沟通和解释的机会，因而员工总是士气低落，对企业缺乏归属感，流动率非常高。

当然，并非所有的企业管理者都是如此，马云就非常关心员工的工作和生活，他在阿里巴巴倡导快乐文化，希望所有的员工"上班像疯子，下班笑眯眯"。马云对员工的关爱，真的是做到了细微处，也正因为如此，他赢得了员工们的尊重！

坤福说

大多数情况下，管理者如果能够破除工作流程中不必要的限制和约束，让员工可以充分发挥自己的主动性和能动性，在必要时从旁协助而不干扰其主动权，告诉他："放手去干吧，我相信你！"那么，员工的表现很可能会超出管理者的期望。

加大文化渗透力，为企业持续发展蓄能积力

善于发现人才，重视人才，发挥人才最大的潜能，似乎是所有成功企业领导者的共识。托马斯·沃森认为："公司最重要的资产不是金钱或其他东西，而是由每一位员工组成的人力资源。"松下幸之助同样指出："企业最大的资产是人。"比尔·盖茨亦将人才看成公司最重要的资产。他说："如果把我们顶尖的 20 个人才挖走，那么，我告诉你，微软就会变成一家无足轻重的公司。"

既然人才在企业发展中如此重要，那么，人才的选拔和培养工作也就半点不能疏忽了。

很多企业管理者都不约而同地在企业内部大力开展员工培训工作，包括入职培训、各类业务能力培训、综合培训等。然而，这些耗费巨额人力、财力、物力培养出来的员工，并没有像管理者期待的那样，表现出很高的工作热情和积极性。他们不仅在团队工作中缺乏协作意识，一遇到问题就互相推诿，而且对企业也缺乏忠诚感，只要有人给出更高的薪资，他们就会毫不犹豫地选择离开。很多企业管理者因噎废食，不肯再用心开展员工培训工作。

其实，问题的症结在于，这些管理者在管理工作中忽视了对员工进行企业文化方面的宣贯、培养和引导。

以招聘为例，很多企业在招聘工作中非常重视应聘者的资历和业务能力，甚至连应聘者的心理都关注到了，偏偏忽视了对他们进行企业文化认同度的考核。可以试想，招进一名认同企业价值观的员工和招进不认同企业价值观的员工，两者之间存在怎样的差别：新员工与

企业有着类似的价值观，容易对企业文化产生认同感，进而认同相应的环境氛围、管理制度和晋升机制，认同企业的发展目标和发展战略，接受企业提供的培训和实践锻炼机会，不断实现自我、超越自我，因为个人得到了关心、信任和尊重，个人的需求得到极大的满足，自然会对企业产生强烈的归属感，愿意忠诚于企业，不会轻易离开；相反，如果员工从第一天开始就不认同企业的价值观，对企业的工作氛围和工作方式有着强烈的抵触，仅仅因为看重企业提供的高额薪金和发展平台而选择留在企业，这样的员工必然不会忠诚于企业，也不太可能为企业贡献太多的价值。

因而，企业在招聘工作中，一定要重视对应聘者进行企业文化认同度的考核。具体地讲，首先，要了解应聘者对企业有着怎样的认知，包括企业性质、产品、文化、未来方向等；其次，要明确告诉应聘者企业倡导什么样的文化，有怎样的价值主张，团队中都是一些什么样的人，他们又是怎样工作的，看应聘者是否能接受这样的价值文化和工作方式；其次，告诉应聘者在企业工作有哪些职业发展出路，有着怎样的职位晋升机制，让应聘者确认这是不是自己想要的未来；再次，明确应聘者所应聘的岗位职责是什么，具体要负责哪些工作，未来有可能增加什么工作，看对方能否适应这样的工作量和工作难度；最后，告诉应聘者薪酬标准，让对方综合考虑是否加入该企业。

事实上，优秀的企业人才不能只靠引进，也要靠培养。高薪引进外部人才不可避免地会遇到这样两种情况：一种情况是，员工有着很高的学历，但缺乏实践经验，无法胜任岗位工作；另一种情况是，员工有着很强的工作能力，但缺乏职业素养和契约精神，存在极端的个人主义和利己主义心理，容易与企业离心离德。因而，正如马云所说：

"企业发展的正确方法一定是要努力培养企业自己的人才梯队。虽然培养人才很累，也很难，需要花费很多的时间和精力，但任何迅速发展起来的东西也容易迅速衰退。反之，脚踏实地慢慢发展起来的企业，倒下去也是慢慢地倒。招有潜力的员工，在他们身上花时间，训练他们改变自己、提升自己、超越自己永远是老板的责任，也是最值得和最正确的投资。"高明的管理者在人才选拔和培养方面，应该注意发现和培养普通员工中的佼佼者，努力创建良好的用人机制，使优秀人才能够脱颖而出。

作为成功的企业领袖，从创业伊始，任正非就有很强的人才资源意识。他曾指出："人才是第一资源，是企业最重要的资本，人力资本应优先于财务资本增长。"在人才使用上，他特别注重员工内在素质与潜能的培育与开发，很早就在企业内部建立起了适合企业业务需求与人才成长特点的分层分类的人力资源开发和培训体系。这在国内企业中是首屈一指的。

在培养优秀骨干人才的众多方法中，毛泽东最重视的是"压担子"和"传、帮、带"。所谓"压担子"，不是将一堆工作推给员工，然后放任自流，而是需要付出很多心血，做大量的工作。比如，当员工初步接触工作的时候，要细致地给他们介绍情况，帮助他们分析遇到的矛盾和困难，增强他们做好工作的信心；当他们因为经验不足而出现差错时，主动承担责任并帮助他们总结经验教训；当他们工作取得显著成绩时，及时给予肯定，同时提醒他们戒骄戒躁、继续努力。

任正非深受毛泽东的影响，在华为内部推行全员导师制。在华为，不仅新员工有导师，所有老员工也都有导师；导师制不仅在生产系统中实行，在研发、营销、客服、行政、后勤等系统中也实行；导师职责比较宽泛，不仅包括在业务、技术上的"传、帮、带"，还有生活细节上的指引等。通过推行导师制，不仅大大缩短了员工进入新环境的"磨合期"，使员工能迅速适应新岗位，同时也拉近了员工之间、管理者和员工之间的距离。

坤福说

　　企业管理者将企业文化渗透到人才选拔、培训和管理工作的各个环节，引领员工在思想上更加贴近企业文化，在行动上遵守企业的各项制度，帮助他们积极发展和完善自我，塑造出更加职业化的优秀人才，这样就能为企业的持续稳定发展积蓄力量。

对员工保持信任，激发其责任心和工作潜能

　　信任管理是企业文化管理的重要范畴，从员工进入企业的第一天开始，通过各类培训、交流活动，告知员工企业的发展目标、发展现状、工作内容、沟通途径等，通过点点滴滴的行动创造出良好的工作氛围，让员工随时随地接受企业文化的熏陶。在员工熟悉工作环境和工作内容以后，积极采纳他们提出的各种意见和建议，放手让员工去干，给予他们成长和发展的空间。这样才能充分发挥他们的智慧和才干，为企业的发展贡献力量。

松下幸之助一直认为，最成功的管理是让员工乐于拼命而无怨无悔。实现这个目标靠的不是强制，而是信任。信任可以使下属心情舒畅，干劲十足，极大地激发下属的工作积极性和主观能动性。他说："对部下说明原委，表达信任的期望，他们就可以按管理者的目标完成任务。"信任和期望，可以激发一个人的责任心和工作潜能。很多时候，管理者的一句"好好干，我相信你"，胜过再三追问："你的工作进行到哪一步了？""有把握把它做好吗？""出了问题，你能承担责任吗？"

通常情况下，管理者明确告诉员工自己对他的信任，并且在行动上也表现出高度的一致性。被信任的员工会对自己的工作表现出超强的责任意识，而且大多能出色地完成任务。而那些被管理者不停地追问工作进度的员工，常常会觉得自己的能力受到质疑，自己不被信任，渐渐失去工作热情。结果是在工作中频频出错。

林逸最近被提拔为山东朱氏药业集团有限公司的中层干部，管理着20名下属。他这个人工作的时候尽职尽责，每件事都希望做到尽善尽美。一次，他让主管调研的张虹收集北方地区人们的消费习惯，整理成一份资料以供决策，而且要求张虹在10天内完成。

林逸心里明白张虹的能力很强，不过作为主管，为了保证工作质量和按期完成，还是需要对下属的工作进行必要的监督和检查。于是第二天，林逸把张虹叫到办公室，问她工作开展得怎么样了，张虹说正在努力，已经有些头绪了。

林逸点头说好。但是没过两天，林逸又把张虹叫到办公室，问她工作进行到哪一步了。张虹说正在努力中。林逸点头说好。

第6天，林逸把张虹叫到办公室，还是问同样的问题。张虹回答说："正在努力，我一定按时完成任务。"林逸点头说好。但张虹心里想："这是怎么回事啊？你既然把这工作交给了我，我一定会尽力按时完成的。如果工作遇到什么问题，我会找你讨论，可你为什么三番五次地催问？工作又不是很急。"

第9天，张虹把收集到的资料整理成一份报告提交给林逸。这时，林逸终于露出了笑脸，可张虹心里头有点儿不是滋味。

习惯于相信自己，不相信他人，经常粗暴地干预员工的工作，这是许多管理者的通病。在这种气氛下，企业势必陷入这样一个怪圈：上司喜欢从头管到尾，越管越变得事必躬亲，独断专行，疑神疑鬼；同时，部下也越来越束手束脚，养成依赖的习惯，把主动性和创造性丢进垃圾桶里。

作为信任管理工作中不可或缺的授权管理，必须基于领导者和员工之间的相互信任，而不是一种政治权谋。管理者只要在布置工作的时候，明确什么该做，什么不该做，做到什么标准，在什么时间内完成，并且保证下属完全理解，就可以了。完全没必要事必躬亲，时时过问。

思科公司前总裁约翰·钱伯斯说："也许我比历史上任何一家企业的总裁都更乐于做'甩手掌柜'，这使我能够自由地旅行，寻找可能的机会。"美国前总统里根也是一个很出名的"放任主义者"，他只关注最重要的事情，将其他的事情交给得力的手下去负责。由此，他可以经常去打球、度假，但这并不妨碍他成为美国历史上最伟大的总统之一。放手，不仅可以把管理者从琐事中解放出来，更可以提高下属的工作积极性。一举两得，何乐而不为？

管理之妙就在于只"管头管脚"，而不是"从头管到脚"。如果管理者盯得太紧，会让员工产生受监视和不被信任的感觉。太多否认、指示和提醒，则会让员工茫然不知所措。所以，管理者要注意发挥下属的主动性和创造性，在部署工作时只需要告诉他们该做什么就好。给员工一个支点，让他们自己去撬动地球。

在授权工作中，不可避免地会发生员工无法圆满完成任务的情况，在这个时候，管理者首先要做的不是追究责任，而是应该给予当事人鼓励和安慰，同时提供必要的帮助，从旁协助其完成任务。要给员工犯错误的机会，这样才能帮助他们更好地成长。

　　山东景天堂药业有限公司的创始人朱晓肸的用人原则是信任员工、充分授权，即使员工工作的方式与自己不同，他也不会轻易插手。朱晓肸曾说："要包容员工的过错，并将此视为员工成长必须付出的代价。只要他犯的是无心之过，只要他最终能得到的收获多过他的'学费'，你就不要吝惜为他交学费。如果你插手，就会让他失去机会和舞台，还怎么能成长呢？"

员工会因其工作过失感到自责，这个时候，管理者的包容能让员工感到自己被信任和认可。但只有包容是不足以促进员工成长的，管理者还应与他一起找出出现错误的原因，全力帮助他解决工作中出现的问题。同时，管理者还要鼓励员工要有敢于承担责任的勇气。这样，员工才能保持最初的工作热情，积极地参与团队工作。

　　被誉为"全球第一CEO"的通用电气公司前CEO杰克·韦尔奇把帮助别人建立自信心作为他领导工作中不可或缺的一部分。

　　早在他担任通用电气CEO之初，就提出要做到让每一位员工都有机会去尝试所有的新鲜事物，鼓励他们去挑战自己的极限，并在他们每获得一次成功之后，尽可能通过一切方式奖励他们。

　　同时，韦尔奇也鼓励员工出现合理的失败。他认为，当员工犯错误的时候，他们最不愿意看到的就是惩罚，最需要的是鼓励和恢复自信心。对此，他曾提出"不只奖励成功，而且也奖励失败"的管理策略。

　　在通用电气曾发生过这样一件事情：有一项2000万美元的投资计划，曾因为不可预测的市场因素而失败，但推动该计划的经理仍然得到升迁的奖励，而且，参与计划的70位职员，也每人获赠一台录像机。

坤福说

　　作为一个管理者，始终对你的员工保持信任，在他取得突出业绩时，及时给予赞美和肯定；在他出现失误、面临挫折时，给予关爱和包容，陪他一起想办法渡过难关。在这样一种氛围里，员工的认同感、归属感、责任心、上进心才能一一被激发出来，并转化为积极的行动，推进企业的发展和企业文化的传播。

引导员工行为改变，文化才能真正发挥作用

企业管理，归根结底是对人的管理。企业下功夫建设企业文化，目的同样在于管好人，管好企业。

大部分情况下，企业文化都是以理念、宗旨、精神等形式呈现的。这些表现形式无形中给人们带来了误解，人们认为企业文化就是强调一种理念或精神，构建企业文化就是要统一员工的思想。这确实是一个很大的误会：一方面，企业文化如果以统一思想为目的，很可能会带来僵化和缺乏创新的结果，这不符合市场规律；另一方面，企业文化也统一不了员工的思想。正如马云所言："千万不要相信你能统一人的思想，那是不可能的。30%的人永远不可能相信你，不要让你的同事为你干活，而要让他们为你们的共同目标干活。"

企业的目标需要付诸行动才能实现，如果企业的目标成为全体员工的共同目标，相信实现目标不会需要太长时间。而企业文化最重要的表现其实就是统一行动，一致的行为和习惯可以带来统一的意志，这样，企业文化的作用就会发挥出来。员工行为习惯的形成是企业文化最根本的表现，没有员工行为的改变，企业文化也不可能发挥作用。海尔的创新文化、华为的狼文化、海底捞的亲情文化都是通过全体员工的一致行动传达出来的。企业文化也只有作用于全体员工的一致行为，才算得上成功。

企业文化通过语言口号、行为规范、仪式、故事等形式，将其倡导的价值理念形象化，潜移默化地影响员工的行为。而企业文化的持续性，也让生活在其中的个人心甘情愿地调整自己的行为以适应企业，

直到将这些故事、规范内化于心，成为一种无意识的行为。

企业之所以重视员工行为的塑造，是因为员工行为直接影响利益相关者的感受，进而影响企业的效率和效益，从而对企业的经营业绩产生直接影响。具体地讲，受到企业文化熏陶的员工，会更加认同企业的发展目标、经营理念、制度规范、环境氛围等；在团队合作和组织工作中，表现出更积极的工作态度和更强烈的责任意识，会发自内心地为企业取得的成就感到自豪；在对待客户时，会自动自发地忠诚于企业，时时刻刻注意维护企业的良好形象。

华为的管理层在困难时期自愿申请降薪，体现了华为人与企业同呼吸、共命运的坚定意志和强烈的责任意识。

2002年年末，华为遭遇了创业15年来的首次业绩下滑，公司的合同销售额从上年的255亿元，下降到221亿元，利润更是从上年的52亿元大幅减至12亿元。按2001年全球各大电信巨头的销售额统计，华为当年的人均销售收入与跨国公司相差3.5倍以上，公司业绩与利润同时遭到了行业不景气的冲击。

2003年春节过后，华为人力资源部收到了公司总监级别以上管理者自愿降薪10%的454份申请书。经企业高层领导开会讨论并审核后，华为批复了其中的363份。

对此，当时的华为副总裁洪天峰在内部讲话中评价道："总监级别以上的管理者自愿降薪，并不能在多大程度上改善公司的财务状况，我想，其深层意义在于，这体现了公司各级管理者在当前的行业环境下对公司困境的一种认知态度，表达了中高层管理者与公司共渡难关的信心和决心，以及强烈的企业责任感。"

企业文化认同促发的员工行动，在对企业外部形象的维护上的作用更是体现得淋漓尽致。很多优秀企业的员工都非常注意自己的言行举止，竭诚服务客户，力求塑造和传播良好的企业形象。当发现企业形象受损时，会挺身而出，想办法进行补救。

汪群是山东朱氏药业集团有限公司的一位工程师。有一天，汪群到一家药店去买药，在药店，他无意中听到有人抱怨，说他所在的公司的服务很差劲。顿时，有八九个店员都围在这个发牢骚的人的身边，听他谈论着。

汪群当时有好几种选择。其实他当时正在休假，自己还有很多事要做，他大可以置若罔闻，只管做自己的事。可是汪群走上前去说道："先生，很抱歉，我听到了你对这些人说的话。我就在你说的那家公司工作。你愿不愿意给我一次机会改善这个状况呢？我向你保证，我们公司一定可以解决你的问题。"

那些人脸上的表情都非常惊讶。汪群当时并没有穿公司的制服，他走到公用电话旁，打了个电话回公司，公司立即派出售后人员到那位客户家中，为其解决问题，直到客户满意。

事情还没有结束，汪群回去上班后，还打了个电话给那位客户，以确保他对公司所提供的服务满意。

汪群正是在公司文化的熏陶下，将自身与公司融为一体。当公司的服务受到质疑时，果断挺身而出，用自己的行动来维护公司形象。

无论企业大小，无论企业的规章制度是否完善，总有一些工作是需要员工自发去完成的，再具体的制度也不可能囊括员工所有的任务。很多工作都需要员工自己去主动完成，而良好的企业文化能够锻造出积极的行动力，引导员工为企业做出奉献。

　　海尔集团总裁张瑞敏认为："如果把企业比作一条大河，每个员工就不是小河，而应当是这条大河的源头。员工有了活力，必然会生产出高质量的产品，提供优质的服务，用户必然愿意买企业的产品，企业才会如大河，永不枯竭、永不干涸。"在这种理念下，每一个海尔人都充满活力和创造力，乐于为企业做出贡献。

坤福说

　　好的企业文化能够锻造出积极的行动力，这是毋庸置疑的。在企业文化的感召下，那些优秀的员工会不由自主地将维护企业形象、帮助企业发展当作自己义不容辞的责任，愿意为之付出努力甚至做出牺牲。因此，企业领导者必须看到企业文化之于企业发展的重要性，重视培养和传承企业的优良作风，强化员工的责任感。

第五章

运用好制度的载体，丰富企业文化落实方式

在企业文化建设的过程中，为保证企业文化的落实，对企业文化的宣传贯彻是必不可少的，但是，单纯的企业文化宣传贯彻，并不能确保取得显著的效果，要使企业文化深入人心、作用于员工的行为，就需要把企业文化的精神和理念根植于企业日常的规章制度中，增强企业文化宣传贯彻的广度和深度，从而确保企业文化的落实。所以，建设良好高效的企业制度文化，是实现企业文化有效落实的重要途径。

不同的管理风格，构建起不同的制度体系

不同的管理者有不同的管理风格，一些管理者比较"官派"，强调自己的权力和权威，喜欢发号施令，拒绝听取不同的声音；另一些管理者则比较"亲民"，注重与员工保持沟通和交流，鼓励员工参与决策管理并积极采纳他们的合理化意见和建议，力求达成共识。相较而言，后一种风格的管理者显然具有更强的领导力。

也许有人会对这样的判断表示质疑："谁说权威不好了，咱几千年的封建文明不都是皇帝说了算？要是皇帝说了不算，秩序朝纲就乱了。军队也是一样，领兵的将军没有权威，士兵们不听从命令，怎么能打胜仗？"

的确，管理者必须拥有自己的权威，这是领导力的基本构成要素。但权威也有不同层次的划分，最低层次的是职位赋予的权威，即处在较高职位上的人有权力对职位比自己低的人发号施令。一个人能坐到管理者的职位上，很可能是因为有远见卓识或娴熟的技能。然而，人无完人，不管这个人有多优秀，他的力量仍是弱小的，想法也可能受限于学历和阅历。因而，在即便专制如皇帝，身边也有一班文官团队作为智囊团，为国家献计献策；纵使威严如将军，也有自己的参谋。

在高层次的权威里，职位赋予的权威已经被弱化到了极致，人们愿意服从这个人，是因为他身上散发出来的魅力：平等地对待自己的下属，虚心听取他们的意见和观点，给予他们足够的信任和尊重，关心他们的成长和生活，勇于承担责任……

因而，在本章开篇提到的两种风格的管理者中，后一种比较有权威，比较能够获得员工的信任和支持。正如心理学家雷德所言："上级对于下属，不应该采用命令的谈话方式，而应该采用询问的方式。"唯有如此，员工才能感知到管理者对他们的关心、信任和尊重。

百度创始人兼 CEO 李彦宏在这方面的表现堪称表率。

在李彦宏的领导下，百度从一家仅有七个人的创业型小公司发展成如今全球最大的中文搜索引擎。李彦宏的君子型领导理念在百度的发展过程中发挥了巨大的作用。

在百度，公司会议讨论的任何议题，李彦宏的意见仅代表他的个人意见，并不代表领导意见。李彦宏发表意见的时候，任何人都可以打断，提出自己的质疑。尽管他的很多意见都被否定了，却并不影响他的个人权威，反而坚定了他一直推崇的理念："百度不仅是李彦宏的，更是每一个百度人的。"李彦宏在百度实行的这种有机管理模式摒弃了传统的家族式领导，用网络的形式鼓励全体员工进行民主参与，刻意增强普通员工在公司决策方面的影响，发挥团队的集体作战能力。

李彦宏以君子的风度，给予普通员工信任和尊重，在平等和自由的氛围下，百度员工能够各抒己见、不断创新，使百度能够根据客户需求和市场动态进行调整，这种鲜活的学习力和适应力得益于李彦宏与员工开放的交流方式。

通用电气公司为了保证员工有充分参与的机会，甚至专门对员工的参与行为做了详细的规定。

在通用电气公司，韦尔奇曾要求公司定期召开为期三天的研讨会，地点设在会议中心或饭店。公司的管理人员负责组织研讨团，研讨团的成员来自公司的各个阶层，每个研讨团的人数是 40～100 人。会议开始第一天，由一位经理拟定一个大体的活动日程，然后自行退出。参加研讨的员工分成5～7 个小组，每组由一名会议协调员带队。每组选定一个日程，然后开始为期一天半的研讨。

在第三天，经理重新回到研讨会，听取每位代表的发言。在听完发言后，这位经理只能做出三种选择，即当场同意、当场否决或进一步询问情况。

让员工参与管理的优势在于，员工不同程度地参与组织决策的研究和讨论，可以增进组织内部的沟通与协调，增强组织内部的凝聚力；并且，员工参与管理，可以在一定程度上激发员工的潜力和热情，提高员工的工作满意度，进而提高工作效率。

坤福说

企业在设计管理制度的过程中，若能全面导入员工参与机制，充分激发和调动员工的参与热情，广泛采集员工的意见建议，最终构建起来的制度体系也会更容易被员工认可和遵守。

设计切实可行的制度，保障企业文化落地

所谓"不以规矩，不能成方圆"，在文明社会的发展进程中，制度起着保障群体秩序的作用，凡是集体协作的组织，都需要一套系统完善的制度来合理组织集体协作行为，规范个人行动，实施科学管理，以维系组织的正常运转。正如"经营之圣"盛田昭夫所总结的那样："企业内部管理的关键在于内部管理的制度化，大凡成功的企业都有一套系统、科学、严密、规范的内部管理制度。"

第一，制度能够帮助组织中的每个人进行角色定位，并进一步规范他们的行为，使每个人都能充分发挥自己的优势，进而发挥出最大的组织绩效。

有这样一则寓言：香肠、老鼠和麻雀共同生活。香肠负责做饭，它每次都到锅里打个滚儿，所以做出的汤味道鲜美；老鼠力气最大，负责去井边打水；麻雀速度最快，负责去树林拾柴。它们生活得非常愉快。

终于有一天，香肠厌倦了自己的工作，偷偷地抢在麻雀之前去拾柴，麻雀无奈之下跑去井边打水，而负责打水的老鼠为了不饿肚子只能去做饭。结果，香肠去拾柴被狗吃了；麻雀去打水因为力气太小，掉下井淹死了；老鼠做饭，也想学香肠到锅里打个滚儿，却被烫死了。

寓言中的香肠、老鼠和麻雀各有一技之长，如果有相应的制度对

它们进行角色定位，让它们安于自己的本职工作，不推诿、不抢功，先前的愉快生活就能维持下去。然而，因为缺乏相应的制度规范，造成组织秩序混乱，最终，组织消亡。企业的运营管理同样如此，如果缺乏相应的岗位角色规范，缺乏必要的工作伦理，管理者之间争权夺利，员工之间互相推诿，就无法正常地组织生产经营活动。

第二，制度能够营造出公平的利益分配环境。每个员工都不可避免地存在"利己主义心理"和"自我服务偏差"，常常主观地夸大自己的功劳，渴望获得更多的利益，也更容易在利益分配中产生"不公平"感。而制度对岗位工作的明确划分和对成果的统一量化考核，则能很好地帮助他们克服上面两种心理，获得积极的工作心态。

第三，制度能够塑造出良好的员工行为，提升企业的外部形象和综合素质。特别是服务性的企业中，代表企业形象的不仅是产品和服务，员工的一言一行、一举一动同样是外界了解企业的窗口，职业化、规范化的员工行为，能给社会公众留下好印象。

第四，制度是文化落实的重要保障。企业文化只有通过监督和规范，才能加快落实为员工的具体行动。而要实现这一目标，需要保证制度与企业文化的一致性。

20世纪八九十年代，国内大多数企业依靠企业家个人实行经验管理的弊端日益凸显，与此同时，众多外企依靠制度管理获得了成功。于是，国内企业纷纷加快了制度建设的步伐，一些企业甚至直接移植国外企业现成的管理制度。然而，由于这些企业中的很大一部分管理理念落后，很多引进的管理制度在实施的过程中"水土不服"，企业不得不对其进行本土化改造。在改造的过程中，企业又因为不理解制度的理念内涵，抛弃了制度的灵魂，最终"竹篮打水一场空"。近年来，一些企业经营者和管理者开始认识到企业文化的重要性，再度掀起了引进国外先进企业文化理念、实施企业文化建设的风潮。然而，因为缺乏必要的制度支撑或与现行制度相悖，引进的文化理念无法在经营管理中发挥作用的事情时有发生。

国内某移动通信公司的核心价值体系中有"团队合作"的内容，倡导同事之间、上下级之间以及各部门之间的通力合作。但在公司实施制度优化革新的过程中，引入了美国通用电气公司所倡导的"末位淘汰制"，制度规定：以部门为单位实行周期性考核，在每一个考核周期中，不论部门的整体业绩如何，必须有20%的优秀、75%的合格、5%的不合格。考核不合格的员工要做降级处理，连续两次考核不合格的员工将被开除。该制度出台以后，公司原有的团队合作的优良传统不复存在，同事之间不再互相关怀、互相帮助，而更多地将对方视为竞争对手，同事之间的关系极度紧张。

这样的例子不在少数，如果无法避免企业所倡导的企业文化理念与现实制度之间的冲突，企业文化理念就很难得到贯彻落实，因而也就无法塑造出相应的企业文化氛围。

因此，企业在进行制度建设的过程中，一方面，要在准确理解企业文化的基础上进行制度设计，要根据企业的业务特点和队伍特质，准确把握理念的文化内涵。很多时候，在同样的价值理念表达中，不同企业所关注的重点也是不一样的。以"诚信"这一价值理念为例，可能一些企业偏重于"诚"的内容，强调真诚；另一些企业则偏重于"信"的内容，强调诚信。这些都需要在制度设计上加以区分。另一方面，要保持制度文化与理念文化的高度一致，即凡是企业文化理念所提倡的，必须在制度中得到体现；现行制度中，凡是与企业文化相悖的内容，必须将其废弃或加以修正，防止企业文化在实践和传播过程中出现大的偏差。

坤福说

企业文化与企业管理制度是企业有效的管理手段，二者之间有着双向的共生效应。企业管理制度推动企业文化的形成，而企业文化又促进了企业管理制度的发展和完善。一方面，现代企业管理制度的不断更新促使企业创造新的文化观念，建立适合自身的企业文化；另一方面，新的企业文化又影响企业竞争力的提升和企业的发展，促进以人为本的企业管理制度的形成。

体现多数人的信仰，制度才能顺利执行

企业制度是企业人为制定的带有强制性的行为规范，关于其在企业发展和企业管理中的积极作用，前文中已有详细论述。诚然，制度管理是一种强制性的管理手段，它能使管理工作变得高效、规范。然而，一味信奉制度管理，认为制度万能，也极有可能给企业带来灾难。因为制度本身可能存在问题，会造成执行力低下的结果。

第一，制度不够严谨、完善，容易诱发人的自私性，每个人都有可能为了自身利益而不惜做出损害他人乃至集体利益的事情。

17—18世纪，英国运送犯人到澳洲，按上船时犯人的人数给私营船主付费。私营船主为了牟取暴利，不顾犯人的死活。每船运送人数过多，生存环境恶劣，加之船主克扣犯人的食物，囤积起来以便到达目的地后卖钱，使得大部分犯人在中途就死亡。更残忍的是，有的船主有时一出海就把犯人活活扔进海里。

很多企业也存在类似的情况，因为制度不够完善，缺乏明确的产权划分，对各合伙人、管理人员没有明确的职责约束。企业稍有发展，大家就开始将目光集中到权力占有和利益分配上，很少再关注企业如何才能持续、健康发展。

第二，制度过于苛刻，缺乏人情味，往往也难以引起人们的共鸣，执行起来自然困难重重。

比如，大多数国内企业规定早上8点上班，一些管理严格的企业规定：迟到一次就扣除全月奖金，迟到三次就开除。甚至有企业对车间作业人员上厕所的时间进行规定：每班时间只允许上两次厕所，且每次不得超过15分钟，否则按擅自离岗处理。

类似的苛刻制度，要么因为员工的强烈抵制而无法得到落实执行，要么因为强制实施而造成员工流失率迅速攀升。

不要说本身有问题的制度，即便是那些科学、合理的制度，想要获得员工的认可和遵守，都存在一定的困难。因此，企业需要以价值观为核心，进行系统的制度建设，让制度为企业的信仰服务。

每个人、每个组织都有自己的信仰，人类所有的活动都建立在信仰的基础之上，并由此派生了一系列制度，违反这些制度就会受到惩罚，而制度也只有符合多数人的信仰，才能得到执行和遵守，否则就会被抛弃或修改。从这个角度来讲，管理人的是信仰而不是制度，制度只是起辅助性的作用。因而，一旦信仰变了，制度也要跟着变，否则，信仰就成了空中楼阁，制度就成了"无根之木"。

国内的很多企业仍然强调制度管人，为企业拥有一套健全的制度而沾沾自喜。

　　山东玛尔思企业管理咨询有限公司的咨询专家曾应某知名公司之邀做咨询调查，谈话中，该公司老总表示："我敢说，像我们这样的创新制度和平台优势，在行业内是少有的。可是，为什么就是留不住人才呢？"经过细致的观察和调研，我们的专家发现了问题的原因：该公司的制度虽然完善，并且能够被公正执行，却是"无根之木"，因为公司缺乏优秀的企业文化，没有树立起大家都认可的企业价值观，换言之，就是没有与企业制度相匹配的文化信仰。

制度的确立不是为了管理人，而是为了优化企业的管理模式，更好地为人服务，体现企业的信仰，并保障企业目标的实现。因而，它强调的不是对行为的约束和控制，而是要借助这种手段加深员工的思想认识，让员工从思想层面接受并认可管理制度，进而自主地对工作内容担负责任。

> **坤福说**
>
> 既然制度要为信仰服务，那么制度的建设必然也要以价值观为核心，即将企业的价值观细化为具体的制度条文或操作程序，用以引导和规范员工的行为。在这种情况下，一旦价值理念得到认可，制度也会很快得到遵从。而制度的贯彻执行，会让信仰更加牢不可破。

创新良性沟通机制，建立和谐人际关系

在企业的日常管理工作中，管理者因为事务繁忙，加上身份的关系，总是习惯性地以指令的形式将任务分派下去，而忽视了必要的沟通。员工在工作中遇到了困难，却因害怕暴露自己的不足而放弃沟通。结果是造成组织绩效的低下。

美国著名未来学家约翰·奈斯比特曾预言："未来的竞争是管理的竞争，竞争的焦点在于每个社会组织内部成员之间及其与外部组织的有效沟通上。"因而，管理者应该意识到沟通的重要性，做好沟通管理。在这一点上，马云表现得十分出色。

在阿里巴巴，马云将自己同员工的关系处理得非常完美，他可以适时地在上司、同事、朋友三个角色之间来回转换。在做出决策、下达命令时，他可以很强硬；在探讨问题时，他可以和员工大声争吵，员工可以随时进出董事长办公室；而在年会、庆功宴等活动上，他可以不顾形象地逗

员工笑……

的确，马云是个极具魅力的领导者，他能够洞察员工的心理，能够放下身段，低姿态地与员工沟通。通用电气公司前 CEO 杰克·韦尔奇同样意识到了沟通工作的重要性。

在韦尔奇上任之初，为了改变公司内部等级森严、沟通不畅的局面，他亲自给员工写小纸条，询问员工的工作状况，打电话通知员工工作的事宜。公司的一位经理回忆起韦尔奇的沟通方式时说："对于工作上的事情，他在跟你达成一致的意见之前，会一直追着你，不断地和你争论，反对你的想法，提出自己的意见，尽一切努力说服你。而你必须不断地反击，直到说服他同意你的思路为止。这时，你就可以确定一件事，那就是，这个经过争论后得到他认可的观点或计划，一定会成功。"

管理者意识到沟通工作的重要性以后，接下来就应该着力在企业内部建立良性的沟通机制了。有了机制的保障，沟通工作才能顺畅进行。一般而言，比较正式的沟通方式就是通过各种会议，诸如周会、月会、座谈会等，鼓励和引导员工发出自己的声音。其他非正式的方式，如发邮件、组织小型聚会等，也会带来比较不错的沟通效果。只要能够引导员工表达自己的真实想法，激发他们的工作热情，任何方式都应该加以尝试，包括坐下来倾听员工发牢骚，这是经实践证实过的极有效的沟通方式。

美国有一家叫霍桑的电话交换机工厂，坐落在芝加哥郊外。该工厂中设有完备的生活设施和娱乐设施，并为员工提供社会保险、养老金等福利待遇。但是，如此完备的硬件设施和优厚的福利待遇，并未提升员工们的工作积极性，公司业绩一直不理想。

厂长百思不得其解。于是，他邀请了哈佛大学心理学系的梅奥教授到工厂进行调查。经过一段时间的调查后，梅奥教授发现，厂长最初担忧的诸如照明条件、休息时间、薪水福利等会影响工作效率的问题，与工作效率并没有太大的关系；而影响员工工作效率的因素，更多的是工厂内的气氛、员工的工作情绪及责任感等。

在调查中，梅奥设置了这样一个谈话环节：专家与员工进行单独谈话。在这个过程中专家不能反驳，更不能训斥，而是要认真地倾听工人对工厂的不满、牢骚，并做好详细的记录。在持续两年的时间里，专家与工人们进行了两万多次这样的谈话。两年后，工人的工作效率有了明显的提升，因为他们在与专家倾诉的过程中将长期积攒于心中的不满发泄了出来，提高了工作的热情。

管理者应该保持良好的心态，设身处地、推心置腹地与员工沟通，在企业内建立起良好的人际关系。

第一，尊重是沟通的前提，管理者应该学会尊重员工。具体地讲，就是管理者要做到摒弃职位、资格和学历之间的差异，将自己与员工的关系看成是绩效合作关系而非雇佣关系，平等地与他们进行沟通和交流。山东皇圣堂药业有限公司的董事长祝蕾就不遗余力地践行了这一点。

祝蕾将自己的"下属"视为"同事"，并且非常注重这层关系。

有一天，她和研究部负责人共同出席了一个企业高层聚会，席间，某企业老总举杯向研究部负责人敬酒，并转过头对祝蕾说："祝总，我向你的下属敬一杯酒。"祝蕾听到后，马上纠正说："不，他是我的同事，不是我的下属。"整场聚会下来，这样的敬酒不止一次，每当有人这样称呼那位研究部负责人时，祝蕾总在第一时间加以纠正。

事后，有人跟她谈道："您的级别这么高，哪儿用得着在意这么小的事情。再说了，您的同事也不会在意别人这么称呼他。"

祝蕾解释说："皇圣堂的企业文化是合作，而不是权力的大小和职位的高低。合作最重要的是什么？我认为是尊重。所以，我们之间的关系是'同事'，而非上下级。同事之间只有分工不同，我们这样说，不代表业务关系没有隶属性，而只是强调尊重与合作，这个平等关系在企业中是最重要的。"

不论在什么样的企业里，只有同事间相互尊重、相互信任、相互支持，才能将团队凝聚成一个整体，发挥出强大的团队力量。

第二，管理者应该具备服务员工的思维。美国西南航空公司的口号是"员工第一，客户第二，股东第三"；稻盛和夫把"追求员工及其家庭的幸福"作为企业的第一目标；松下幸之助也曾建议管理者要拿出"为员工端一盘菜"的心态，感激员工、服务员工；国内企业如海底捞、老干妈，都是服务员工的典型。

关爱员工，服务员工，让他们对企业产生归属感，这样一来，他们对企业的制度和文化也比较容易产生认同感，进而主动遵从。即便有不赞同的地方，员工也会主动提出来，并给出建设性意见，这样一来，企业的制度和文化就能不断地得到完善。

第三，管理者应该学会赏识员工。当一个人被赏识的时候，他能够获得极大的激励，工作积极性也会被全面调动起来。管理者应该学会对员工的工作方法、工作态度、工作结果，以及工作以外的其他方面，适时地、发自内心地予以赞美。海尔的荣誉激励法不失为一种很好的赏识激励手段。

海尔员工的工资并不是最高的，但海尔员工在工作中充满激情和动力，原因就在于海尔管理层在管理中引入了打造"名人效应"的荣誉激励措施。

一是颁发内部证书或聘书。证书代表着企业对员工的一种认可，会让员工产生一种荣誉感。因此，为表现优异的员工颁发证书或聘书，成为海尔激励员工的有效方法。此外，在海尔，证书的种类和名称一般不受限制，谁能力强、心态好就颁发给谁，关键是让员工感受到被认可和尊重。

二是借助荣誉墙和企业年鉴来激励员工。海尔管理层认为，辉煌的历史值得永久流传，借助海尔内部公用场所的荣誉墙和照片墙等载体记录、宣传员工的优秀事迹，对员工本人是一种奖励，对其他员工也具有激励作用。

三是以员工的名字命名新发明。用人的名字命名某项事物，在海尔早已成为惯例，张瑞敏为了纪念某些员工对海尔创新改革做出的突出贡献，就用他们的名字来命名工具，如工人李启明发明的焊枪被称为"启明焊枪"，杨晓玲改造的扳手被命名为"晓玲扳手"。张瑞敏的这一措施激发了普通员工的创新激情，后来，海尔不断有新的命名工具出现，员工以此为自豪。

第四，管理者还应该学会分享。分享是最好的学习态度，也是最好的企业文化氛围。知识、经验、目标、成果……凡是有价值的东西都应该拿出来同员工分享。这是构建学习型组织、强化企业竞争力的关键，也是提升团队凝聚力和向心力的重要手段。

坤福说

　　管理者通过尊重、服务、赏识和分享，自下而上建立起良性的沟通机制，使企业内部人际关系更加团结、和谐，为企业的制度建设和文化落实创造良好的环境氛围。

"热炉"面前人人平等，违反制度必受惩罚

　　企业建立制度，是为了规范生产和管理，维系组织的正常运转。基于企业文化建立起来的制度体系，同样是为形成和巩固企业的发展秩序服务的。因而，只有全面贯彻落实企业的各项制度，才能切实保障企业的运营管理秩序，推动企

业目标的实现。推进企业制度的贯彻和落实，关键在于对违反制度的行为进行处理，要让员工看到违反制度会受到什么样的惩罚，这样才能起到规范和警示作用。

管理学中有一个"热炉法则"，说的是组织中任何人违反规章制度都要受到处罚。这一法则因为与触摸热炉的行为有许多相似之处而得名，它形象地阐述了管理中处理违反制度的行为时必须遵循的各项原则，包括一致性、公平性、即时性和警告性。

1. 一致性原则

人一旦碰到热炉，肯定会被烫伤。员工违反了制度规定，一定要对其进行惩罚，以保证制度、规定的严肃性和权威性。

通常情况下，企业在建立制度的同时，也会制定与之相配套的惩治性措施，员工一旦违反了制度规定，就会受到相应的惩罚。

比如，公司规定"上午 8 点准时上班"，后面一定会附有"迟到罚款"的规定，并标明相应的罚款金额。你既然迟到了，一切就得照规矩来，该怎样就怎样。下雨、堵车等都不能成为迟到的借口。在这一点上，管理者要把好关，不能为了搞好和员工的关系，就将制度让位于人情，一句"下不为例"就过去了，这会让制度的权威受损，不利于企业良好秩序的形成，员工的职业化水平、企业的对外形象等都会大打折扣。

管理者特别需要注意的是，不能有"法不责众"的心理。当出现员工集体破坏制度的行为时，绝对不能姑息纵容，一旦受到群体行为的绑架，顺从"法不责众"的社会心理，后果只能是虽然求得一时的稳定，但会留下更大的隐患。

第一，企业制度威信尽失。管理者的过分迁就不仅不会让员工领情，反倒会让员工觉得企业制度不是金科玉律，只要大家伙闹一下，企业就会妥协。那么企业制度的威信何在？又怎么确保企业制度的执行力度？第二，一旦管理者形成"法不责众"的思维定式，就会变得束手束脚，丧失原则。在处理问题的时候瞻前顾后，不能果断解决问题。有时候，法不责众只会让现有的问题更加严重。企业不摆明自己的立场，员工也许会变本加厉。往往一次姑息，便为大家树立了"榜样"，会被更多心存不良的人利用。

在企业中，如果大多数员工犯了相同的错误，而管理者又认为法不责众，一味姑息，就会造成其他本无意犯错的员工因为惧怕在群体中太过扎眼，也出现错误行为，使错误的影响进一步扩大。所以，面对员工集体破坏制度的行为，管理者不仅要"枪打出头鸟"，对带头犯规或犯错误较严重者给予重罚，对于"跟风""随大溜"的员工也不能放任。在具体处理时，可视其违规程度的严重性，进行适当的处罚和警告。

　　山东煜和堂药业有限公司近年来的管理混乱不堪，员工经常迟到早退，在工作期间溜号，做一些与工作无关的事情，更有甚者，无视企业的制度和纪律，做一些危害公司利益的事。

　　原来，公司虽然制定了严格的制度，但是各级管理者缺乏执行力，常常只是将纪律要求和违纪处罚进行通告后，便不再关注；即使员工出现违纪行为，管理者也睁只眼闭只眼，并未按纪律要求予以惩罚。

　　在了解了以上情况后，企业高层领导开展了30天的大调整活动，首先对不作为的管理人员进行罚款或降职的惩罚，并直接开除了三名情节较为严重的管理者，接着对违纪员工进行记过、罚款乃至开除的处理。

除必要的惩罚性措施外，管理者还应该及时与员工进行沟通，明确企业的立场和底线。告诉他们如果今后还发生类似的情况，企业将严惩不贷。

员工集体"造反"，往往是因为对企业的某些制度不满，如果企业能够及时关注员工的需求，改进企业的制度措施，疏导员工的不满情绪，能够有效避免集体事件的发生。

2. 公平性原则

不管是谁碰到热炉，都会被烫伤。"王子犯法，与庶民同罪。"不论是谁，违反了制度都应该受到惩罚，这样才能以理服人。

管理者要求员工严格遵守制度，然而，常常是管理者在带头破坏规则。调查发现，首先破坏规则的，90%以上是企业的中高级管理者，而不是一般员工。而且，许多普通员工违反规则，正是中高级管理者带头违反规则的示范作用所引起的。

下面的这则事例，在许多企业中可谓司空见惯。

山东伊芙罗蔓化妆品有限公司某部门领导为了做点事情给上层看看，开始要求严格考勤纪律。本来，由于是做软件的公司，上班时间比较弹性化。此项规定一出，员工们普遍带有情绪。更加令大家不忿的是，对员工提出要求的这位部门领导自己却不能遵守，他特别强调得到公司特许的人可以不打卡，然而对于什么人、什么条件下能获得特许，却只字未提。这让员工非常反感，大家都在背后议论纷纷。

管理者凭借手中权力，在团队中大搞特殊化，这种行为不仅有损管理者在员工心目中的威信和形象，还会让制度、规则在执行过程中遭遇重重阻力。

如果管理者本人触碰规则却没有受到应有的惩罚，无疑会让规则遭到质疑。大家会想：既然'上头的人'坏了规矩没事，是不是我也可以不遵守呢？如此上行下效，不但无法实现定规则的初衷，还会制造出新的麻烦。比如，管理者在员工心目中的形象大打折扣，员工在今后执行命令的过程中可能会产生不服从心理，进而消极怠工，团队的执行力降低。

只有管理者做好榜样示范，严格遵守制度，即便无意中触犯了规则，也要坦然地接受处罚，如此，制度才能对团队成员起到约束作用。

3. 即时性原则

如果碰到热炉，立刻就会被烫伤。及时惩罚才会更有效果。如果员工犯了错误却迟迟得不到惩罚，员工就会忘记犯错时所产生的内疚感，惩罚的效果也就大打折扣了。

比如，面对员工迟到的问题，很多企业的管理者不会在当时立即对其罚款，而是选择从薪水里扣除。迟到受罚的严肃情境被置换为领工资的喜悦情境，惩罚的效用被冲淡了。员工就算挨了罚，也觉得不痛不痒，下次照样迟到，制度的约束作用大打折扣。

因而，管理者最好是在员工迟到的当口执行惩罚，让员工在领导和同事面前深刻反省自己迟到的原因，并交出罚金，给员工留下深刻的印象，这样有助于员工养成准时上班的习惯。

4. 警告性原则

当我们看见火红的热炉时，即使不用手去触碰也能知道炉子是热的、是会烫伤人的。制定规章制度，首先就是希望对员工形成警示，惩罚就是为了让员工形成自觉遵守制度、规定的意识。因而，不管是制度的设计还是执行，都应该具有警示性。

新加坡的地下交通系统非常发达，乘坐地铁出行是很多人的第一选择。但是，新加坡的地铁里丝毫没有因为人多而显得乱哄哄，而这主要得益于新加坡对地铁的严格管理。对违规行为处以重罚就是其中一项主要措施。

在新加坡，地铁通道的墙上和车厢里都贴着一些公告，说明哪些行为是被明令禁止的。比如，在地铁里吃东西、喝饮料，将会被处以高达500新加坡元（1新加坡元约合5元）的罚款；吸烟者会被罚款1000新加坡元；如果做了严重妨碍地铁正常行驶的事情（如携带打火机等易燃易爆物品），将会被罚款5000新加坡元……

这些措施，使人们在地铁里几乎看不到违规行为的发生。因为罚款的额度很高，所以大家自然而然地对其予以重视，严格执行。而事实上，新加坡地铁设置高额罚款的真实目的并不是罚，而是不罚，是为了杀一儆百，以此来形成一种行为规则上的威慑力。

坤福说

　　参照热炉法则，全面贯彻落实企业的各项制度，保障制度的权威性，全面规范员工的行为，培养出高度职业化的员工，这样才能保障企业对内、对外的良好秩序。

使规则意识深入人心，习惯才能成自然

　　企业之所以要制定系统规范的管理机制，无非是对全体员工进行约束。然而，并不是有了系统的制度规则，就能实现对企业的规范化管理。在现实社会中，每个企业都有一套规章制度，特别是大部分的国有企业普遍规则严谨、制度健全，但对规则的执行往往不是十分理想，规则意识淡薄是主要原因。

　　士兵入伍后的第一项任务就是接受部队纪律训练，企业管理者也应该在员工进入企业后马上着手对他们进行制度意识的培养和教育。通过宣传教育，培养员工的主人翁意识和责任感，使员工明确享受制度的权利和遵守制度的义务，让他们逐步从被动遵守制度转变为自觉维护制度，达到在员工内心树立起制度权威的目的。

　　每一位刚刚加入沃尔玛的新员工要做的第一件事就是牢记并贯彻员工手册上列出的各项制度，并在工作中坚信这些行为准则会令自己受益终生。

　　管理者应该将制定好的规章制度，通过书面或电子文件的形式予以公布，可以将各项规则做成小册子，人手一份，或者将其制作成大

条横幅，张贴在醒目的位置。企业还应该定期召开学习规章制度的会议，开展各类竞赛活动等，帮助员工记忆和理解制度。

除此之外，管理者还需要在企业的日常管理工作中，通过严格的制度设计和执行来培养和强化员工的规则意识。事实上，很多企业也都制定了非常严格的工作规章制度，用以约束员工的行为，培养员工良好的工作习惯，创造良好的工作氛围。

在奥克斯集团的各项规定中，有一项是开会时手机不得响铃，否则每次罚款50元。据说，一开始奥克斯并没有这样做，但发现开会过程中手机铃声不断，导致会议不能正常进行，于是规定不管大会小会，只要会议一开始，参会者都必须将自己的手机调至振动或关机。从此以后，公司会议终于可以不受手机铃声的干扰了。即使刚进奥克斯的新人，也都知道必须养成这样的良好习惯，绝不能触犯。

海尔集团的规定更为"苛刻"：员工走路必须靠右，离开座位时需将椅子移进桌洞里，否则都要被罚款。

日本东芝公司对超洁净工作间也有着苛刻的净化要求：女工严禁擦粉，男工必须刮净胡子，操作时绝对禁止说话、咳嗽、打喷嚏，以防空气震动，扬起尘埃。

美国格利森齿轮机床厂也有十分严格的制度：员工要进入车间，不论是干活还是路过，都必须佩戴安全眼镜，穿硬皮鞋并把领带掖在衬衫里面，一旦违反就要受到严厉的处罚。

如果这些企业的规章制度松懈一点，轻则影响企业的精神面貌，重则影响企业业绩，危害员工的人身安全。从这些层面上讲，良好的规则意识要远远胜于被动地遵守规则。员工的规则意识树立起来了，规则不再形同虚设，企业的能动性和执行力也会得到提升。

之所以要运用强力手段，包括制定苛刻的制度规范、严厉的处罚措施等，目的在于通过这些手段对员工形成一种威慑力，加深他们的印象，让他们在趋利避害思维的引导下，下意识地让自己遵照规则行事。时间一长，规则意识也就自然形成了。

不仅如此，当员工出现违规行为时，管理者还要及时进行批评教育，并做出相应的处罚。当然，也不能一味批评，对于员工积极承认错误、勇于承担责任并及时改正错误的行为要给予肯定和鼓励。对于那些违规后推诿塞责、不敢承担责任或一再违反相同规定的员工要给予严肃的批评和处罚。这样一来，员工的规则意识就会不断得到强化。

坤福说

　　严明的工作纪律是企业和团队稳步发展、高效完成任务、强化制度意识的保证。员工的规则意识培养起来以后，制度、纪律对他们来说，不再只是一种约束，而是保证集体利益和个人价值得以实现的必要条件。在这种情况下，员工会主动遵守制度。

第六章

构建独特的精神文化，塑造企业灵魂和支柱

当我们把企业视作一个生命体时，不难发现，企业要想谋求长期稳定的发展，必须要有比赚钱更高的理想与追求；只重视物质财富的创造与积累是不够的，必须注重精神文化财富的创造与积累。一个企业精神文化财富的创造与积累如果滞后于物质财富的创造与积累，这个企业肯定会走下坡路。只有两种财富的创造与积累相互适应、相互推动，企业的生命力才更旺盛。

打造独特文化理念，形成企业核心竞争力

　　企业必须明确自身的价值评判标准，明确什么才是最重要的。就像德鲁克所说的那样："只有明确地规定了企业的宗旨和使命，才可能树立明确而现实的企业目标。企业的宗旨和使命是确定优先秩序、战略、计划、工作安排的基础。它是设计管理职位，特别是设计管理结构的出发点。"

　　威廉·大内提出的管理"Z理论"对企业价值观的重要地位做出了肯定。他认为："企业的基本管理方法包含在管理宗旨里。这种宗旨是含蓄的企业理论，描述企业的目标以及实现的步骤。这些目标代表业主、雇员、顾客和政府管理者的价值观。……企业应该把宗旨中所表现的原则运用到每天的工作生活中去，以便使行为和相互影响的文化模式能够得以发展。""一种一贯的组织宗旨的制定必须依赖于一套基本的价值观和信念，使它们在内部互相一致，进而与外部经济市场和社会环境的现实相一致。"

　　因而，企业文化的构建工作，应该始于企业的价值考量，只有先确立企业的文化内核（即核心价值观），才能在此基础上构建企业文化的框架体系，进而将企业的历史、优良传统、企业的愿景、使命和宗旨、企业的道德和精神等填充进去，形成丰满、生动的企业文化整体，进而为企业的发展保驾护航。

　　任何企业的文化都是在传统文化的基础上，结合自身实际提炼加工而成的。在中国传统文化土壤里成长的中国企业家，不可避免地继承和选择了传统文化中许多优秀的管理智慧，譬如重视人才、善待员工的人本主义理念，严于律己、艰苦奋斗的工作作风，团结

共进的集体理念与和融文化，爱国、忠诚、诚信、笃实、进取的精神，等等。

这些优秀的文化元素在许多企业所倡导的企业文化中得到了充分体现。比如，面向市场的企业不约而同地重视客户体验，在员工行为规范中设计详细的客服礼仪；重视诚信，在企业内设立诚信管理机制，对外制定并认真实践产品和服务承诺；重视人才，设立系统的选人用人机制，同时开展各种各样的员工培训活动；重视与时俱进，设立各种创新激励机制……

而企业和企业家成长环境的差异性，则使每个企业的文化区别于其他企业的文化。

例如，老干妈公司创建者陶华碧是个地道的农妇，没有接受过系统的文化教育，却以自身质朴的情感关怀换来了员工的认可和敬重，谱写了充满传奇色彩的"家"文化；任正非以其在部队工作的经历，一手打造了充满血性、干劲，讲团结、讲纪律的"狼"文化；张瑞敏则始终紧跟时代的步伐，时刻注意变化的市场环境。

海尔公司在张瑞敏的带领下，在长期的发展探索中，高度重视观念创新、战略创新、组织创新、技术创新和市场创新，确立了"以创新为核心"的企业价值观，并围绕"创新"建立起了一套系统的文化体系，包括"敬业报国，追求卓越"的海尔精神，"迅速反应，马上行动"的海尔作风，"人人是人才，赛马不相马"的用人理念，"只有淡季思想，没有淡季市场；只有疲软思想，没有疲软市场"的市场理念等。该文化体系虽然引入了西方的一些先进理念，但依然处处布满中国传统文化的因子。比如，海尔精神中"敬业报国"的核心思想就是传统文化中的忠诚思想；"追求卓越"则体现了海尔人自强不息的进取精神，其核心思想就是创新。

区别于其他企业的独特文化理念，是企业核心竞争力的来源。因而，企业应该结合企业家的个人经历、企业发展历程和不断变化的外部环境，提炼出企业的核心价值观，进而打造出难以模仿、不可替代的企业文化体系。

企业在打造这套文化体系的过程中，还要关照员工的心理需求。当然，在满足员工低层次需求方面，大多数企业都表现良好。但只有少数追求卓越的企业关注员工较高层次的需求，诸如认同需求、自我实现乃至自我超越的需求。

企业与员工之间的关系，绝非"我为你干活，你给我发工资"这么简单，理想的情况应该是一种双赢共进的格局：企业提出的发展目标，恰好是员工的理想追求，足以激发他们的奋斗热情和工作激情，实现企业目标的过程就是实现员工价值的过程。

坤福说

荷兰著名足球教练希丁克说过："领导者应该是一个把自己的目标变成整个团队的目标，并且能把团队的目标转化为个人目标的人。"杰克·韦尔奇亦将此视为卓越领导者必不可少的一项能力。将领导者的目标变成全体员工的共同信仰，是打造优秀企业文化、实施企业文化管理的终极目标。

提炼核心价值观，培育共同的文化信仰

　　所谓价值观，是个人基于一定的认知，对自身及客观对象做出的价值判断。而企业价值观则是获得企业全体（或多数）员工一致认同的价值判断体系，用以回答"企业的价值在于什么"和"什么对于企业来说有价值"两大问题。

　　陈佳贵主编的《企业管理学大辞典》对企业价值观做了如下定义。

　　企业价值观是企业经营的目的、宗旨，即企业为什么存在、企业对其价值的评判标准。这个评判标准包括对企业认知价值（真与伪）、企业实践价值（经营状况的好与坏）、企业行为价值（善与恶）、企业艺术价值（美与丑）的评判。

　　西方学术界普遍将企业价值观看成企业文化的核心，认为在那些富有个性和生气的企业的文化系统中，必然存在这样一种价值观：能够阐明这家企业倡导什么、摒弃什么；一方面能够使企业长期保持自己的特色，另一方面能够引导员工进行正确的价值判断和行为判断，从而有序、高效地开展工作。

　　就企业本身而言，不仅有创造产品和服务的价值，也有发明新思想、新观念的价值。而企业需要做出价值评判的对象也很多，诸如顾客意识、质量观念、创新理念、员工思想等，都是对企业有价值的对象。两大部分的内容集合起来就形成了一个庞大的价值体系，一旦这

个价值体系获得企业全体或多数员工的一致认同，它就成为企业全体共享的价值观念体系。

需要注意的是，并不是所有对企业有价值的对象都能被放到企业的价值观念体系中。一方面，某些价值内容表现为排斥、对立的关系，无法兼容，因而需要做出取舍；另一方面，各个价值内容的重要性并不一致，某些价值内容彼此之间还存在因果之类的链条关系，因而需要根据具体情况进行价值排序。

企业文化建设的重要内容之一，就是要先明确企业的价值体系，进而对其中的各个价值进行排序。其中，排在第一位的就是企业的核心价值观。不同的企业，因为关注的重点不同，在对客观对象进行价值判断时，结果也会千差万别：你认为应该把客户放在第一位，可能他会觉得还是股东的利益重要些；你的企业成功靠的是源源不断的激情和坚定的意志，他的企业或许是靠掌握技术而得以壮大……所有这些都是企业自己的判断，无所谓对错，关键要与当时的环境匹配。

企业在对各个价值内容进行重要性排序时，具体需要关注两个方面的环境：一个是企业内部环境，包括企业家的做事风格，员工的构成、职业化程度，企业所处发展阶段等；另一个是企业外部大环境，包括世界经济走势、国家经济发展情况、行业发展格局、政府政策、市场潮流等。

国内外管理学界根据某些企业的实践经验，总结了一些价值内容的排序定位理论。比如，人的价值高于一切，"为社会服务"的价值高于"利润"的价值，"共同协作"的价值高于"独立单干"的价值，"集体"的价值高于"自我"的价值，"保证质量"的价值高于"推出新品"的价值，"用户"的价值高于"技术"的价值，顾客第

一、员工第二、股东第三，等等。这些理论不一定对所有的企业都适用，但具有一定的参考价值和启发意义。

一方面，企业价值观作为企业整体的行为标准，引导和规范着企业对待社会、市场、客户、产品和员工的态度和行为。沃尔玛的客户第一，苹果公司对产品品质的追求，华为对员工的高要求，都是企业核心价值观外化的表现。另一方面，企业核心价值观也是企业对员工在思想范畴内的约束和规范，指导着员工的一言一行。优秀企业的行为规范一定是立足企业的核心价值观而制定的。

企业价值观一旦获得全体员工的一致认同，就会发展成为员工共同的文化信仰，持续引导和规范员工的思想和行为。如果价值观本身出现问题，要么是因为不能获得认同而无法发挥作用，要么是在落实之后给企业带来负面影响。

因而，企业在确立自身价值体系，特别是塑造核心价值观的过程中，一定要进行深入细致的总结，保证提炼出来的价值观念体系本身是卓越的。同时，要将这些价值点具体生动地表达出来，让员工容易理解和接受。此外，领导者还应该坚持不懈地灌输、以身作则地执行，使员工信服进而认同企业的价值体系。

具体而言，第一，企业拟定的价值观要能成为全体员工每一天、做每件事的最高精神指导原则；第二，要注意参考企业家、总裁的人生理念和经营哲学，尽可能地选取能代表团队共识的部分，进行提炼加工；第三，要关照品质、员工、顾客、市场、诚信道德、社会责任等基本维度；第四，要与时俱进，符合时代精神。在表现形式上，尽量以词或短语的形式呈现，做到言简意赅。如果担心员工不能准确理解，还可以在后面附上相关的解释说明，配上相应的企业故事或案例，更能原汁原味地传达和传承企业精神。在这方面，没有哪个企业比海尔做得更好。

海尔在阐释兼并文化"激活休克鱼"时，就引用了兼并红星厂的案例；在阐释产品品质文化"质量锤"时，就附上了张瑞敏怒砸不合格冰箱的故事。这些不仅让海尔员工轻松地理解和接受了企业文化，就连很多社会大众也对这些故事耳熟能详，使海尔在消费者和社会公众中成功树立了良好的企业形象。

坤福说

企业价值观决定和影响着企业存在的意义和目的，是企业各项规章制度的价值和作用的评判标准，为企业的生存和发展提供基本的方向和行动指南，决定了全体员工的行为取向。

明确责任和经营使命，并得到员工认同

愿景、使命、价值观是企业文化体系中非常核心的内容，是企业文化建设的三个关键点。所有有志于通过建设和推广企业文化而走向卓越之路的企业，无一例外地都对这三个关键点进行了认真的思考和总结。

然而，就目前情况来看，很多企业在对这三个关键点进行阐述时存在概念混淆的问题，这也恰恰说明，这些企业的文化理念并不成熟。要让企业的责任和使命下沉，首先就得

对相关概念有精确的理解，这是建设和推行企业文化最基本的前提。

我们先来对三个关键点的概念进行一下界定。

愿景，是企业对未来发展方向的一种期望、预测和定位，回答的是企业"是什么"的问题。它的落脚点在企业自身。对于企业愿景的描述要能体现企业家的野心和对行业的判断，要能够凝聚意志和鼓舞士气。一般表述为：成为……

使命，是企业对自身和社会发展所做出的承诺，是企业存在的根本理由和终极意义，是企业的终极理想和宗旨，回答的是企业"干什么"的问题。它的落脚点在客户。一般表述为：致力于……

价值观，在上文中已做详细解读，它回答的是企业"怎么干"的问题。通常以几个词语或短语的形式简明扼要地呈现。

比如，京东商城的愿景是"成为全球最值得信赖的企业"，使命是"让生活变得简单、快乐"，核心价值观是"客户为先、诚信、团队、创新、激情"。京东商城对于三个关键点的阐述显然十分成功。

在厘清愿景、使命、价值观三个概念以后，我们再回过头来对企业的使命进行深入解读。使命回答的是企业要干什么的问题，因而它其实是对企业存在的原因或理由的阐述，即对企业生存的目的定位，比如提供某种产品或服务、满足某种需要、承担某种责任等。如果一家企业无法明确自身存在的理由，其发展前景也就岌岌可危了。进一步分析，明确的企业使命无疑为企业经营和管理提供了基本的指导思想、原则和方法。企业使命中包含了企业经营的哲学定位、价值观凸显、企业的形象定位等内容，不仅影响经营者的决策和思维，而且使企业的形象得以从内部固化、从外部深化，使企业的经营活动有了更加具体和明确的目标。

无论如何，企业要明确自身的责任和经营使命。唯有如此，企业才能明确自身的发展方向，进而制定出正确的战略决策，持续创造社会财富，切实解决社会问题，借此获得社会的认可和尊重，提升企业的竞争力和生命力。

2014 年 9 月，阿里巴巴赴美上市成功，创下了有史以来规模最大的一桩 IPO 交易。自此，该企业成功升级为全球第二大互联网公司和全球最大的电子商务公司。阿里巴巴之所以能够取得如此突出的成就，与其明确的愿景和使命息息相关。阿里巴巴自成立之日起，就明确了自身的使命：让天下没有难做的生意！其创始人马云一直持有这样的观点："企业要解决社会问题，只有持续解决社会问题，才能够成就一个了不起的企业。"在他看来，我国所面临的就业、内需和产业升级三大问题，光靠政府是解决不了的，最终还是要落到企业头上。而阿里巴巴致力于用互联网技术去帮助中小企业和民营企业，为年轻人提供更多的就业机会，逐渐向中西部、三四线城市拓展业务以扩大内需。阿里巴巴的发展愿景是"打造分享数据的第一平台；成为员工幸福指数最高的企业；能够跨越 3 个世纪，成活 102 年"。正是因为有着明确的目标、使命和强烈的责任感，阿里巴巴得以安然渡过各种各样的危机，向着目标不断迈进。

无独有偶，360 公司同样是一家具有高度责任感的企业，其董事长周鸿祎曾面向全体员工，对"用户至上"原则做了全面而深刻的解读，他说："用户至上就是用户利益至上，用户体验至上，这是 360 公司的安身立命之本。今天，用户不想去了解你的技术是否很牛，不想知道你的公司有什么伟大的梦想和理念，他们真正在意的是，'你的产品给我解决什么问题，你的产品给我创造什么价值'。在互联网产品越来越同质化的时候，谁能够从用户出发，把体验做到极致，而不是简单地把功能进行罗列，最后让用户在使用其产品的过程中，能够感受到方便、愉悦、放心，谁就可以真正地赢得用户的信任。"

"别人往牛奶里掺三聚氰胺，你不掺；别人往白酒里加塑化剂，你不加；别人往餐桌上添地沟油，你不添；别人往搜索结果里塞虚假医疗广告，你不塞。你能坚持这样做下去，就能得到用户的信任和支持。我认为，判断一个公司的价值，不是看它的市值，不是看它的收入，而是看它是否给亿万用户、给社会、给行业创造了价值。360 在安全上一分钱不赚，但因为有了 360，全国超过 4 亿的用户上网很安全，搜索不上当，网购不受骗，用户信任 360 对安全的承诺，这就是360 真正的价值。"

坤福说

　　企业不但要有明确的愿景、使命和价值观，还要将这些基本的文化理念灌输进员工的意识里，而不是仅仅留在企业家和几个高层管理者的脑海中。只有让员工清楚地认识到这家企业是怎么定位的、倡导什么、做什么、怎么做，只有让员工认同了这些观点、行为准则和行为方法，企业的凝聚力才会不断被强化和提升。

营造良好的组织氛围，提升团队的向心力

任正非曾多次强调，要在企业内部创造良好的组织氛围，在他看来："氛围也是一种宝贵的管理资源，只有氛围才会感染多数人，才会形成具有相同价值观和驾驭能力的管理者队伍，才能在大规模的范围内共同推进企业进步。"

很多企业在管理实践中，会遇到下面这些问题。

公司内部充满了矛盾，同事之间、上下级之间、新老成员之间的关系比较混乱，无法拧成一股绳；工作总是无法被迅速执行到位，员工互相不配合，一件很小的事情也会扯皮；员工无法按时完成工作，总有理由搪塞上级的工作安排……

这些影响企业执行力的问题，尽管受到了领导者的重视，他们也做出了积极的回应，对制度进行了完善，但情况依然得不到改善。问题到底出在哪里？其实，这仍然是企业凝聚力缺失的问题，从制度上下手，自然找不到问题的症结。一些企业找到山东玛尔思企业管理咨询有限公司的管理专家，希望能够为它们进行凝聚力的培训，以期在最短的时间内提升企业的凝聚力和向心力。专家建议，因为向心力是一种内生的团队力量，需要领导者的亲力亲为，需要全体员工发自内心的领悟和贯彻。如果单纯依靠从外界输入，没有领导者的身体力行，没有员工的认可和融入，即使是一套完美的方案，在执行时也会流于形式，表面上看着热热闹闹，团队整体的凝聚力却不会因此产生根本性的改变。

　　企业的向心力与企业最高管理者的领导水平息息相关。一般而言，平庸的管理者因为无法起到积极的表率作用，无法领导员工完成创造企业良好组织氛围的工作。只有那些优秀的管理者，他们的决策效果和执行效率不仅直接作用于企业的发展，同时也间接地影响了员工的思考方式和行为方式，自上而下地在企业内建立起企业文化认同，形成良好的组织氛围，并使员工具备自觉维护这种氛围的意识。

　　管理者如何领导员工构建团队的组织氛围？一方面，就像上面提到的那样，管理者通过运筹帷幄的决策行为和身体力行的表率示范，树立起自身权威，让全体员工信服；另一方面，通过倡导严格的作风建设，并辅以必要的激励手段，可以有效黏合组织力量，强化组织氛围。

　　稍谙军事常识的人都知道，作风涣散、萎靡不振的队伍不过是乌合之众，在对阵作战中往往人心不稳、闻风而溃，无法抵挡敌军的强势进攻。只有那些作风过硬的队伍才有可能具有过硬的战斗力，无坚不摧，无往不胜，获得累累战绩。

　　近年来，"狼文化"曾一度风靡管理学界，它强调为了提升企业竞争力，所有员工要向狼一样，勇于拼杀，奋不顾身。很多企业在推行"狼文化"的过程中，盲目提倡"狼"的精神，不讲团结协作，一味向员工灌输为达目的、不择手段的思想，结果培养出一批协作意识淡薄却有着浓厚功利主义思想的员工，他们在紧张、压抑的企业里工作，一切唯业绩论，同事之间没有友谊，而是敌对的竞争关系，不仅没有实现强化企业战斗力的目的，反而对企业战斗力造成了损伤。这就启示那些看好"狼文化"的企业，在推行该文化的过程中，要全面掌握文化内涵。狼不仅仅是有血性、有拼劲儿的动物，作为群居性动物的狼，在遇到猎物时，狼群在头狼的指挥下作战，哪些狼负责侦察敌情，哪些狼负责进攻，哪些狼负责防守并保护头狼，彼此有着清晰的分工与合作。因而，即使是推广"狼文化"的企业，也要注意培养团结协作的精神和氛围，要像部队一样，做到"呼吸相顾，痛痒相关，赴火同行，蹈汤同往，胜则举杯酒以让功，败则出死力以相救"。

此外，管理者还应该通过恰当的激励措施，强化团队的组织氛围。比如，在员工做得好的时候，及时给予赞美和奖赏；在员工出现失误的时候，鼓励他们坚持下去，并提供必要的帮助，让他们感受到组织的温暖；发现破坏组织氛围的行为，要及时予以制止，对相关责任人进行相应的惩戒，在员工中形成一种赏罚分明的风气。管理者以身作则的榜样示范和赏罚分明的奖惩导向，让员工时刻沐浴在企业文化的组织氛围里，一言一行都合乎企业规范。

坤福说

　　组织氛围是企业文化的一个重要组成部分，良好的组织氛围有利于培养员工的积极性和创造性，有利于提升团队的凝聚力和向心力，进而提升团队的执行效率，强化企业竞争力。

全面提升学习能力，才有可能脱颖而出

"问渠哪得清如许，为有源头活水来。"所有的成长和进步都是通过学习获得的。"学如逆水行舟，不进则退"，在今天这样高速发展、日新月异的商业化时代，知识的更新换代日益加速，我们只有不断学习，掌握最先进的知识和技能，

才有可能在竞争中脱颖而出，获得领先优势。商业领域尤为如此。

从 20 世纪 80 年代开始，美国通用电气公司开始倡导和推行"标杆学习法"，将自己的产品、服务、作业流程、管理模式等同行业内外的市场领先企业做比较分析，学习和借鉴他人的先进经验，以改善自身不足。这种彻底的学习，使通用电气成为当时最具竞争力和价值的企业，成为通过开放学习获得成功的西方企业的典型代表。

我国后来的一些领先企业，也是从这个时候开始大力向世界优秀企业学习，将先进的技能、优秀的管理方法和管理理念引为己用。比如，联想以 IBM、惠普为榜样，悉心学习，最终以其独特的方式主导了我国本土 PC 市场。华为为了向 IBM 学习，不惜花费十年的时间让 IBM 的顾问团队陪同华为员工调整整个流程。所谓"有志者，事竟成"，华为最终成功打入国际市场，获得全球同行业的认可与尊重。

尽管国内企业倡导开放式学习的呼声很高，但真正践行并获得成功的企业并不多，即使是那些借由开放式学习而获得领先优势的企业，它们的学习还是不够全面、深入。韩国的三星集团在向对手学习方面，就比许多企业更开放、更彻底。在 20 世纪 90 年代初期，当时的集团掌舵人李健熙甚至喊出了"除了妻儿，一切都要变"的口号，足见其开放学习的决心。三星集团还鼓励员工使用其他品牌的电器以取他人之长。而大多数企业很难做到这一点，它们更多地要求员工使用本企业生产的产品，将此视为检验员工忠诚度的一项重要指标。与三星行为的强大反差，恰恰证明这些企业的学习还是不够开放。

不仅如此，一些企业在学习方面所表现出来的形式主义也十分令人担忧。派遣高层管理团队到优秀企业进行参观调研，是企业普遍采取的学习形式。然而，很多企业管理者在参观学习的过程中，总是选择性地忽视参观企业所具有的优点，而习惯性地发现对方存在的问题与不足，并为此沾沾自喜，甚至会为自己原有的习惯找到依据，进而加强自己的习惯性思维。结果是，越学习，越保守。还有一些企业管理者，看到好的东西就往自己身上套，这家企业的某个理念不错，好，拿过来；那家企业的制度很完美，不错，也拿来；还有那一家的管理模式相当优秀，赶快拿来……所有的东西都是好的，但组合在一起有些不伦不类，更重要的是，与企业自身实际并不相符，根本落不了地。这都是学习中的形式主义问题，必须加以克服。只有充分认识自己、真正放下自己，开放心态，才能真正学到东西，才有可能获得进步和提升。

正当开放式学习的实践在世界范围内如火如荼地进行的时候，相应的理论研究工作也在美国麻省理工学院紧锣密鼓地进行着。彼得·圣吉历时近十年，将相关研究成果撰写成《第五项修炼——学习型组织的艺术实践》一书。书中指出，现代企业组织分工、负责的方式，在组织之间产生了行动和时空距离，企业因此欠缺系统思考的能力，进而无法有效地学习。只有转变成"学习型组织"，企业才能全面提升自身的学习能力，进而强化竞争力。彼得·圣吉提供了建立学习型组织的基本方法"五项修炼"，即自我超越、改善心智模式、建立共同愿景、团体学习、系统思考。

第一项修炼：自我超越。要求组织中的每一位成员都要明确自己最高的理想追求，并以此为目标，集中精力，全心投入，正视现实，终身学习，不断创造，最终超越自我。"学习型组织"理论，既强调组织整体要善于学习，又关注个体的自我实现，同时囊括了东、西方的精神传统（东方文化重整体，西方文化重个体），因而具有普适性。

第二项修炼：改善心智模式。组织的障碍多来自个人的旧思维，如固执己见、本位主义等。唯有通过自我审视、组织学习和标杆学习，才能改善、创新心智模式。

第三项修炼：建立共同愿景。建立共同愿景其实就是把企业家的愿景变成企业的愿景，再把企业的愿景内化为员工共同愿景的过程。员工一旦对企业愿景达成共识，组织的凝聚力和向心力也会得到提升，共启愿景的热情也就更高。这在前文已有述及，此处不再赘述。

第四项修炼：团体学习。彼得·圣吉指出："在现代组织中，学习的基本单位是团体而不是个人。"该项修炼要求所有员工都参与互动讨论，并进行深入思考和分析，表达自己的意见和假设。之所以提出这样的要求，是因为"当团体真正在学习的时候，不仅团体整体产生出色的成果，个别成员成长的速度也比其他的学习方式快"。

第五项修炼：系统思考。企业管理是一个系统，这就要求员工养成基于系统和整体思考的习惯，理解系统论的完备知识体系，掌握它所拥有的实用工具，以认清整个变化形态，开创出新的局面。

五项修炼的融合，靠的还是系统思考。"少了系统思考，就无法探究各项修炼之间如何互动。系统思考强化每一项修炼，并不断地提醒我们：融合整体能得到大于各部分加总的效力。"系统思考能够从根本上改变人们的观念，使人们眼界更为开阔，考虑问题更加全面、客观。

坤福说

　　学习型组织理论是一套系统、科学的管理理论，如果能在我国企业中循序渐进地应用和推广，将有利于解决企业在成长型学习中存在的不够开放和形式主义的问题。

珍视文化中的创新因子，勇于拥抱未来

　　企业文化的奠基人劳伦斯·米勒很早就预言："今后的500强企业将是采用创新企业文化和创新文化营销策略的公司，且最终的竞争优势在于一个企业的学习能力以及将其转化为行动的能力。"确实如此，综观那些跻身世界500强的企业，其企业文化中都渗透着强烈的创新因子。它们在技术、管理、体制、结构、市场等方面都具有出类拔萃的创新能力和行动。

　　优秀企业之所以强调创新精神，重视创新文化的塑造和培养，是因为：一方面，知识经济时代的经营环境千变万化，企业如果不建立共有的创新价值观，缺乏更新和再生能力，就无法应对瞬息万变的市场环境，将在竞争中渐渐居于被动地位，最后被淘汰；另一方面，迅速膨胀的商品市场让消费者有了更大的选择空间和话语权，传统的由企业掌握市场话语权的经营思维已经不再适用于变化的市场环境，企业需要创新思维、转变理念，从消费者的立场出发，创造性地满足他们的需求。此外，全球倡导的可持续的经济发展理念，也要借助创新行动，才能得以实现。

　　而基于新的环境形势的经营观，要求企业承认并积极面对变化的环境，关注自身的基本假设，时刻检讨企业与顾客、与环境、与变化、与未来之间的关系，以未来决定现在，走好每一步。可口可乐公司就是这么做的，其中国市场总监嘉景荣表示："你要么违逆，要么上前拥抱。我们公司认为，这是一个很有吸引力的世界，我们要拥抱它。"

　　正如我们在前文中讲到的那样，将企业打造成学习型组织，能够

让企业拥有更广阔的视野、更强的学习能力，从而更容易吸收新技术和新观念，更容易接受变化并利用变化所带来的机遇。学习型组织中的人员具有更强的超越自我的能力，不会满足于既有的成绩，也不会陷入停顿的状态，更不会被动地面对环境，而会主动接受挑战，不断超越自我，锐意创新，进而获得拥抱未来的能力。

既然创新对于企业如此重要，那么，应该如何塑造和培养企业的创新精神和创新能力呢？

第一，要夯实员工的实干精神。要知道创新不等同于创造发明，而是需要在充分发挥创造性思维的基础上，发明制作出样品，并大规模推广。将创造性思维落实到行动上，以及将发明物规模化地推广，两大过程都需要付出艰辛的劳动，因而，培养组织成员的实干精神，是企业锻造创新能力的基础。阿里巴巴创建者马云就十分强调员工的执行力和行动力，经常把"现在！立刻！马上！"挂在嘴边。

第二，要对员工灌输奉献精神。因为企业的创新行为贯穿于提出创意、形成理论、技术发明和推广等环节，是一项浩大的系统工程，具有物质资源依赖性强、牵涉面广、历时长、风险大、难度高的特点。只有培养出组织成员的奉献精神，才有可能协调和处理好各个环节的工作，从而实现创新。

第三，要强化员工的竞争意识。如果说奉献精神是企业创新的内在动力，那么，企业内外的竞争环境则是企业开展创新活动的外在动力。有着高远而清晰的目标和使命、有志于追求卓越的企业，通常会有意识地在企业内部引入和建立竞争机制，并将企业在外部市场环境中所处的地位和面临的形势，及时地传达给员工，借此激发他们的危机意识和竞争意识，加速创新价值观的形成和认同。比如，杰克·韦尔奇提出的"末位淘汰制"自20世纪90年代传入中国后，受到了很多企业家的青睐。除此之外，一些企业推行的重奖政策、榜样激励等，也能达到强化员工竞争意识的目的。

第四，要注意培养管理者的前瞻性思维。管理者应该认识到这样一点，企业要想在竞争中脱颖而出，就得学会预见未来，由未来决定现在，而非由现在推断未来。如果抱持着后面一种思维方式，企业只会不断地错失发展机会，面临被淘汰的命运。创新，需要进行前瞻性的思考：什么样的产品能够在未来市场上流行，什么样的服务是顾客未来需要的，未来的社会要求企业采取什么样的组织结构，未来的产品设计需要哪些理论、哪些技术工艺作为支撑……将这些预测性的结果作用于实践和行动，是许多优秀企业的创新逻辑，迪士尼、IBM、苹果等企业都有这类特质。

第五，管理者还应该具有包容心态。企业创新没有现成的道路可走，也没有一定成功的把握，需要不断摸索和反复试验。管理者可以通过制定具有挑战性的未来目标，提出阶段性的成果要求来引导创新；要为员工提供开放、包容的工作氛围，给予他们足够的信任和尊重。最重要的是，管理者要能包容创新带来的风险，能够宽容失败，赋予组织创新的活力。如果管理者做不到这一点，不允许错误和失败，员工很可能会因为害怕承担失败的责任而放弃冒险和挑战，组织也会越来越僵化，越来越缺乏创新精神。在宽容失败方面，强生公司做得很好，其前总裁小罗伯特·约翰逊曾公开宣称："失败是我们最重要的产品。"微软更是视创新为企业的生命，其整个经营过程都围绕着创新活动展开，通过不断改进新产品并定期淘汰旧产品，使企业始终处于行业领先地位。公司设有专门的研究院，且从不规定研究人员的研究期限，给予他们高度的信任，并为他们提供相当宽松的工作环境，使他们能够自由发挥自己的能动性和创造性。正因为如此，公司得以

始终走在前端，引领市场的发展。

坤福说

　　企业创新文化要以对传统企业文化的批判为前提，对构成企业文化诸要素，包括经营理念、企业宗旨、管理制度、经营流程、仪式、语言等进行全方位系统性的弘扬、重建或重新表述，使之与企业的生产力发展步伐和外部环境变化相适应。

第七章

树立标杆和榜样，把文化最终沉淀为人格

　　正如商品的价值必须通过商品的价格表现出来一样，企业文化的经营理念、价值取向、精神风貌，也必须通过每位员工的行为、语言和特定的服务方式展示、表现出来。每一位员工以自己的服务来反映企业的精神——企业内涵，实现、完成企业的经营宗旨，这就是企业文化的人格化过程。可以说，没有企业文化的人格化，企业的理念、价值观、精神风貌便无物质的附着和现实的体现。

树立积极的榜样，引导员工的思维和行动

企业文化本质上是一种管理，而人格化是其最大的特色。所谓人格化，就是以有形的人为载体，通过人的思想、意识和行为，将抽象的企业文化具体化，潜移默化地传达企业文化的特征，引导员工的思维和行动。

一个企业全力倡导的文化，绝不仅仅是一句口号、一个文本，而是需要人去实践、去验证，需要在员工中由活生生的人物来体现。而最能体现企业文化的人莫过于企业所树立的榜样人物，他们就是企业价值观、企业精神的人格化体现。

优秀的企业中都或多或少地存在一些榜样人物，他们可能是杰出的企业创建者，可能是带领企业战胜危机、锐意进取的领导者，也可能是在某一领域有着突出表现、堪为表率的员工。他们共同构成了企业的榜样群体，多层次、多角度、全方位地展示了企业的精神和价值体系，成为广大员工学习的榜样。

在群体中，榜样的价值不容小觑，可以带动其他成员自发地提高对群体的贡献值。儒家传统讲究"见贤思齐"，说的就是每个人对于向榜样看齐的能动性。

社会心理学家阿尔伯特·班杜拉在他的观察学习理论中强调了榜样的作用，他认为，通过对榜样的设置和控制，就能够达到强化他人某种行为的目的。

班杜拉找来一些儿童开展实验。他将儿童分为两组，让儿童分别看一段录像。甲组儿童看到的是录像中一个大孩子

打玩具娃娃，之后一个成年人奖给这个孩子一些糖果；乙组儿童看到的也是一个大孩子打玩具娃娃，但打了一会儿就有个成年人进来，打了孩子一顿。

接下来，班杜拉把看完录像的孩子分别带到观察室中，里面有一个录像里的玩具娃娃。结果发现，甲组儿童会学着录像中的大孩子打娃娃，因为他们认为得到奖励的行为值得重复；而乙组的儿童很少有人去打娃娃，因为他们知道受到惩罚的行为是错误的。

接着，班杜拉用糖果鼓励两组儿童学录像片里大孩子的样子打玩具娃娃，结果两组儿童都争先恐后地使劲打玩具娃娃。这一阶段的实验表明：两组儿童都已经学会了攻击行为。

那么，在第一阶段，乙组儿童中很少有人敢打玩具娃娃，这是为什么呢？因为他们害怕受到惩罚，所以暂时抑制了攻击行为。当条件允许时，他们也会像甲组儿童一样把学习到的攻击行为表现出来。

实验的结果证实了班杜拉的预想：即便一个人本身没有受到奖励和惩罚，其周围的榜样行为受到的奖励和惩罚对这个人的行为也具有一定的影响作用。换句话说，一个人无论有积极的还是消极的态度，都是从别处学习来的，而这个学习的过程，就是"榜样化"的过程。

通过上述实验，班杜拉提出了"榜样激励理论"。这一理论解释了很多企业每年都要评选先进模范人物并进行大力宣传和表彰的原因。企业是想通过一些典型"模范人物"的高度责任感来提升团队成员的责任感。管理者对实现目标过程中成绩突出的个人或集体加以肯定和表扬，从而激发团体成员的积极性，这种做法被称为"榜样激励法"。

在管理中，榜样激励是一个"一箭多雕"的激励办法。榜样激励对所有员工都是一种心理激励，对榜样者而言，榜样是一个压力；对先进者而言，榜样是一个刺激；对普通者而言，榜样是一种指引；对后进者而言，榜样是一种挑战。

榜样激励的前提是选择的榜样要能起到标杆作用。简言之，榜样应是公认的、权威的、能使员工产生敬仰之情的，只有这样，榜样的激励作用才能得以发挥。对于群体而言，榜样相当于一种有形的价值规范，一旦这种规范得到认同就会逐渐被群体中的成员内化。这种内化会使成员以榜样自居，发自内心地用榜样的方式进行思考和行动。

在任何群体中，如果能够树立一个积极的、得到普遍认同的榜样，就等于为成员提供了一个高标准的价值评价体系，就会有更多成员为了能够得到认同与自我实现而模仿榜样，进行自我提升。通过观察其他人的行为及其结果而进行的观察学习，比其他任何形式的学习都来得积极、有效。员工观察学习的能力，使他们不必尝试错误就能获得正确的信息。我们以新加入团队的成员为例来说明这个问题。

某公司销售部电话营销室里装配了多种激励设备。星期五的早晨，蓝灯开始旋转，这表明公司正在做一笔关于钢笔的促销活动：在接下来的一小时里，顾客买一支促销钢笔就会获赠一支。当蓝灯熄灭后，钢笔的促销活动就结束了。

杰克注意到蓝灯在旋转，他知道那意味着又有新的促销产品出来了，便立即打电话给经常购买促销商品的客户。新来的员工查理发现了杰克的做法，也试着打电话给客户，告诉他们公司的促销信息，因此做成了他来公司的第一笔生意，并培养了一个稳定的客户。

在这个案例中，新员工查理把杰克当成榜样，观察他的行为并进行模仿学习。很多时候，一个团队成员的好的方法或表现就是通过这种观察学习的过程传递给团队中其他的成员。

企业榜样不仅为员工提供了示范，他们在锻造自我、成为榜样的过程中，已经将企业的价值观内化为自身的品质，将企业最有价值的东西保存和传承下来。他们身上的优秀品质和魅力，吸引了一大批的崇拜者紧紧团结在自己周围。诸如阿里巴巴集团的马云、IBM 公司的托马斯·沃森、微软公司的比尔·盖茨、松下电器公司的松下幸之助、索尼公司的盛田昭夫等，他们都是极具个人魅力和领导魅力的企业榜样，拥有许多的崇拜者和追随者，不仅为企业招徕了大批优秀人才，而且强化了企业的凝聚力和向心力，使整个企业成为紧密团结、有文化竞争力的组织。

此外，企业榜样还是企业对外展示自身形象的一个窗口，是企业形象的重要组成部分。一个杰出的企业领袖，他的影响力绝不会只局限在企业内部。他主导下的企业经营管理活动给企业带来的强大发展势头，可能会吸引其他优秀行业、企业的关注，进而展开合作。他在追求产品质量和服务上做出的努力和行动，可能会让大众更加信赖这家企业，更加认可这个品牌的产品。这也正是企业营销哲学中"粉丝众筹"的逻辑。比如，提到苹果公司，人们想到的榜样人物一定是乔布斯，他先后带领员工开发出了麦金塔电脑、iPod、iPhone、iPad 等受到消费者热烈追捧的划时代电子产品，成为苹果公司、IT 界，乃至全球企业追求完美品质和锐意创新的典型代表。

> **坤福说**
>
> 　　企业文化人格化，不管是对内还是对外，都有强大的吸附力。因而，企业在建设和推进企业文化的过程中，要综合运用各种手段，尽可能地培养和发掘榜样人物，加快企业文化人格化的步伐。

塑造梦幻式榜样，打造企业领导的领导力

　　象征企业文化人格化的企业榜样，特别是梦幻式榜样，之所以能够吸引诸多的崇拜者和追随者，能够对社会产生如此深远的影响，是因为这些人具有强大的人格魅力和文化影响力。

　　在领导力的结构层次理论中，由职位或权力赋予的领导力处于最低层次，在这种情况下，员工受迫于领导者的权威而不得不屈从。如果人们愿意追随你，仅仅是因为你这个人，而非权力或者其他，这是稍高层次的领导力，这个时候，追随你是员工自愿的选择。在这种情况下，如果你能对企业做出积极的贡献，给你的追随者提供自我提升的空间和机会，能够给予他们足够的信任和尊重，能够同他们分享目标和理想，你的领导力也会随之提升。如果你的员工发自内心地评价说："我们的头儿很好，很有个人魅力！"这就证明你已经修炼到了领导力的最高层次。在这种状态下，你的意志、你的理念才能被员工更好地接受和履行，进而锻造出一支具有强大凝聚力和战斗力的队伍。

　　领导者采取什么样的管理风格，即在面对繁复的管理情境时，表

现出什么样的行为特征，也是衡量领导者领导力的重要方式。

有管理学专家总结了六种管理风格：指令式、权威式、和睦式、民主式、先锋式和教练式。偏向于指令式管理的领导者在进行决策管理的过程中，习惯于不断向员工传达指令并要求员工绝对服从，且多采用负面反馈和负向激励，这种情境下的领导力十分低下，仅仅源自职位和权力赋予的权威；奉行权威式管理的领导者，在具体行动中增加了与员工互动的内容，鼓励员工关注个人与企业的长期发展，在正、负向激励之间更加平衡化；和睦式管理强调管理的人性化，更多地关注员工的情感需求，关注提升团队内部的友好互动，极力避免矛盾和冲突；民主式管理强调信任和尊重员工，给予员工更多自主发展的空间，注意倾听和采纳员工的意见和建议，在激励手段上，强调以绩效为依托，进行正面反馈和激励；先锋式管理突出领导者的榜样带头作用，要求管理者合理授权并敢于揽责，能在必要的时候指导员工的工作；教练式领导更加专注于员工能力的培养，要求持续不断地对员工工作进行指导和反馈，帮助他们明确自身的发展优势，鼓励员工树立更加远大的发展目标，并在激励考核方式上加以体现。每一种管理风格都有自身存在的土壤和依据，关键要看领导者所采取的管理方式是否能与企业的发展环境、发展阶段以及企业倡导的企业文化理念相契合。一般而言，契合度越高，就越能彰显领导者的魅力。

此外，领导者是否具有预见未来的能力，能否制定出具有挑战性的战略目标，是否具有优秀的精神品质和价值理念并将之转化为全体员工共享的价值体系，能否以身作则地践行企业的制度和行为规范，对外能否扮演好企业形象代言人的角色等，都会对领导者的魅力产生影响。

马云是国内公认的最具魅力的企业领袖之一。当中国的互联网界仍是一片混沌时，是他首先走上了"开天辟地"的道路，如今，中国的互联网行业已是百花齐放，但阿里巴巴依然是行业的领头羊。

马云设定的目标向来富有挑战性，他也因此被冠上了"狂人"的标签。就拿阿里巴巴"成活102年"的愿景来说，早在1999年，阿里巴巴尚处于"养在深闺人未识"的状态时，马云就告诉自己的伙伴，"我们要做一家80年的公司，要进入全球网站的前十名"。后来，这一目标又进一步更改为"要做102年的公司，要进入全球网站的前三名"。

他是一个具有感恩精神和高度社会责任感的人，他致力于解决就业问题，将阿里巴巴的使命定位为"让天下没有难做的生意"；致力于发展平台业务，帮助中小企业赚钱。

他倡导人文关怀，提出"员工第一，客户第二"的理念，营造开放、愉悦的办公环境，让员工"上班像疯子，下班笑眯眯"……

我们说，领导者领导力的修炼情况，直接影响企业文化的传播、宣贯和推广。但建设和推行企业文化的实践，也给领导者提供了一个检验和塑造自身领导力的平台，领导者一方面可以通过员工参与企业文化建设的情况来检验自身的领导力层次，另一方面可以通过参与和主导企业文化的建设工作、组织和参与企业文化推行的各个环节来调整自己的思维方式、理念意识以及组织和领导策略等，全面提升自己的领导力。事实上，大多数领导者，包括那些杰出的英雄人物，他们的强大领导力也都是在具体的组织管理实践中一点点地塑造起来的。

坤福说

　　通常情况下，员工在追随领导者的过程中是主动还是被动、追随意愿的强烈与否，是评价领导力的要素。

打造情景式榜样，对员工进行人格化包装

　　企业的榜样就是企业的英雄。在阿伦·肯尼迪的眼中，英雄人物应该"是伟大的鼓动者，是魔法师，是在事情棘手时人人都指望的人物"。他们应该"有坚韧不拔的品质和风度"，能够"干一些别人想干但不敢尝试的事情"，他们的"所作所为与众不同，但又不太出格"。

企业榜样在企业中发挥的作用包括设定工作标准，保持企业特色，作为企业对外形象，提供样板角色，激励员工，使成功可望可及等。梦幻式榜样虽然有着超凡的影响力和覆盖面，但这种影响是泛化的、哲理化的，可能会比较笼统，无法直接作用于员工工作的各个具体环节；梦幻式榜样有着独特的经历，有许多异于常人的思想和作为，企业需要挑出其中能够产生积极影响的部分加以包装，使之更加清晰、直观，从而更好地发挥作用。况且，梦幻式榜样可遇而不可求，而推广企业文化又切实需要榜样的引导和激励，这个时候，企业应从经营管理实践中发现在某一方面表现突出的员工并进行人格化的包装，使其成为情景式榜样，为员工的日常工作提供具体的、有针对性的指导。

　　情景式榜样的塑造具有很大的灵活性，最常见的方法是按职能部

门进行分类塑造，从采购部门、生产部门、销售部门、财务部门、人力资源部门、研发部门中分别挑出表现与企业价值观高度契合的员工，用他们的行为事迹和优秀业绩来鼓舞和激励同一部门的员工，以期提升员工整体的职业化水平。以销售榜样的塑造为例，很多企业的销售部门都会通过制定销售业绩排行榜，将表现出色的季度、年度榜首评为销售榜样，在部门内营造出争先创优的工作氛围。

也有一些企业选择从文化的角度出发，按照企业的愿景、使命、价值观等核心文化的内涵来树立企业榜样，比如将做人厚道、做事地道、积极传承和发扬企业精神、勇于创新、忠于职守、团结上进的员工树立为榜样。

IBM 公司用识别牌的颜色区分不同区域的员工，浅蓝色代表厂区，粉红色代表行政区，并规定只有戴相应识别牌的人才能进入相应区域。

有一次，沃森带着几位客人参观厂房。在走到厂门时，警卫拦着他们说："对不起先生，您所佩戴的粉红色识别牌是不能进入厂区的。"董事长助理告诉警卫："这是我们的老板，要陪重要的客人参观。"但是警卫仍然坚定地表示，不管是谁都要按规定办事。直到这些人按规定更换了识别牌，警卫才恭敬地邀请他们入厂参观。

IBM 公司的这名警卫，完全可以被树立为忠于职守的榜样。

企业在塑造情景式榜样的过程中，并不会严格进行分类，通常都是按照实际需求，多种方式穿插运用。

特别需要注意的是，在配合企业文化建设进行情景式榜样塑造时，必须对企业的价值理念进行全面把握，至少要保证企业核心价值理念的每一方面都要有代表性的榜样人物。否则，价值理念的落地就会出现盲区，一些重要的理念和精神很有可能会因此逐渐被人忽视和淡忘。

对于梦幻式榜样来说，他们本身就被神圣的光环笼罩，获得了大多数人的崇拜和追随，很容易融入企业文化中。然而，在一家企业的榜样群体中，梦幻式榜样毕竟是极个别的，大部分都是人为造就的情景式榜样。他们也是普通人，只因在某些方面较好地体现了企业的文化而被选定为榜样，需要通过一定的形式对他们进行表彰和宣传，这样才能在企业文化落地的过程中发挥榜样的作用。另外，他们的突出表现也要经过加工，形成生动、清晰的故事，以便更好地诠释和传承企业优秀的行为理念。不仅如此，企业榜样一经选拔，还要加以重用，要给榜样人物提供发挥榜样效应的平台和空间，这样，塑造榜样的行为才会更有意义。

此外，还需要注意的是，在打造情景式榜样的过程中，不能在同一个人身上聚集太多的亮点。即使他在很多方面都有优秀的表现，我们也只能选择他表现最突出的那一方面加以展示。因为，人们大多存在这样一种心理：当一个人在某方面比我们优秀时，我们会欣赏他；当他在两个到三个方面表现得出类拔萃时，我们会崇拜他；但当他有太多的方面比我们强大时，我们会觉得对方是个天才，只能仰望而难以学习和效仿。如此，人们也就失去了向榜样看齐的动力。

坤福说

　　不宜把榜样人物推到过高的位置，要确保员工通过努力之后可以达到同样的水平和高度，这样才能让员工充满信心，满怀希望地向榜样学习。

生动地讲好故事，凸显企业英雄的形象

我们需要牢记，树立和塑造榜样人物的初衷在于传播企业文化，使之获得广大员工的认同，并提供实践学习的榜样。因而，在企业内选择和树立榜样人物只是完成了第一步的工作。接下来，使榜样人物的作用得以有效发挥才是最重要的。

正如我们在上一节中提到的，一名员工之所以会被选定为榜样人物，必然是因为他在某方面有着突出的表现，只有让员工对其产生清晰而深刻的认知，才能进一步产生认同并效仿的行为。具体而言，我们需要将其背后的行为事迹和工作方法加以整理，以文化故事、经验模式的形式展现出来，并在员工中大力传播和推广。

很多企业只完成了第一步就草草了事，榜样人物的作用完全发挥不出来。原本，企业文化建设的主体是人，推广的对象是人，将人作为企业文化的载体，用人的行动全面展示企业文化的精神内涵，并进行系统的传播和推广，无疑是最直观、最有效的形式。如果不能发挥榜样人物的载体和媒介作用，企业文化的推广和落实将困难重重。

怎样才能发挥好榜样人物的作用呢？企业在榜样事迹的传播方面，可以以企业内刊、企业内部网站平台、宣传看板等为宣传阵地，立体化、全方位地开展榜样事迹传播工作。从长期来看，企业还可以建立"企业名人堂"，陈列和展示那些在企业发展过程中做出过杰出贡献，传承和展示了企业先进精神的榜样人物；也可以汇集企业榜样事迹，编写《企业榜样录》等。

企业榜样是企业文化传播的最好载体，而故事又是传播榜样事迹的最好载体：一方面，故事来源于员工的日常生活，比较容易被接受；

另一方面，故事的表现形式生动具体，更容易被传播。因而，很多企业都注意收集榜样人物的事迹，将其整理成故事并在企业内外广泛传播。比如，张瑞敏怒砸不合格冰箱、任正非与员工一起睡垫子，这些家喻户晓的故事，不仅提升了几位企业领袖在员工和公众心目中的形象，还生动地传达了海尔的质量文化和华为的狼性文化。

20世纪50年代，著名的丰田生产方式创始人大野耐一提出：要将工作中发现的劣质产品放在所有人视线所及之处，绝不可隐藏起来。制定这一规则的逻辑是，出现劣质产品表明生产技术不够完善，而掩藏不合格品会让人们忽视这一问题，从而生产出更多的不合格品，造成不必要的浪费，这是一种精益化的理念。这条理念被编写成如下的企业故事。

> 一天，大野到工厂视察生产情况，工人们都聚精会神地埋头工作。突然，大野大声喊道："这是怎么回事？"声音大得把所有在场员工都吓了一跳。生产小组长赶忙跑过来，只见大野指着一些被藏在角落里的不合格半成品大声训斥："为什么要藏起这些不合格品？我已经说过很多次了，一旦出现不合格品，就立刻停止生产，并把它们放到通道中，为什么你们不按我的要求去做？"大野气愤地将不合格半成品全部扔到了通道上，反复强调"不要隐藏不合格品，把它们全部放在通道中，让所有人都看见"，并对生产线负责人给予处分，然后转身离去。

故事不仅传达了企业的精益文化，而且突出表现了大野耐一对产品质量的重视和推行精益化管理的决心。

坤福说

事实证明，讲故事不仅能够生动地展现企业榜样的形象，还能让榜样事迹背后的企业精神理念更容易被理解和接受，从而潜移默化地引导和规范员工的行为。

既是神奇的造梦者，又是理想的践行者

通常情况下，企业的最高领导者和各级管理者既是企业战略目标和管理机制的组织建立者，同时也是企业精神和价值理念的倡导者，其一言一行都会对员工产生深远的影响。卓越的领导，不仅具备深厚的业务能力，能带领企业取得优秀的经营业绩，而且能在团队中形成强有力的价值取向，保证企业的长期发展。

从领导者是企业榜样人物这一视角来看，领导力其实就是对企业榜样人物发挥作用的评价。从概念上讲，所谓领导力，是指将企业的战略和执行融会贯通，从而赢得卓越业务表现的能力。而榜样人物在企业中担负着传承和创新的职责。一个富有领导力、能让员工衷心敬仰的领导者，必然能够把握时代脉搏，注意根据变化的环境不断调整和更新自身理念和行为方式，而其身上所展示出来的及其倡导的文化理念也很容易被员工认可并主动践行。这也正是一个企业榜样人物需要承担的责任。

制定企业的愿景和战略目标是领导者最基本的职能，通常，大多

数领导者都能做到这一点。问题出现在将企业目标向下传递的过程中，许多企业的基层员工不能真正理解甚至完全不清楚企业的愿景和战略。这既有宣传不力的问题，也有与员工关联性不强的原因。因而，企业领导者在制定某种战略目标或战略决策之后，需要将其转化为员工易于理解和接受的语言，借助会议、谈话等形式不厌其烦地进行宣传，并通过承诺性的物质激励和鼓动性的精神激励，在战略实现与员工现状之间建立起紧密的联系，让员工关注和重视企业的发展目标，愿意为实现这一目标付出努力。比如马云和许家印，他们都是神奇的造梦者，也许他们最初提出的目标被认为是"吹牛皮"，没有人理解和接受。但当他们通过实际行动，一次又一次地证明自己提出的目标实现的可能性以后，人们开始认同他们提出的目标，并对实现这些目标充满信心，愿意跟随他们一起奋斗。

接下来，在企业执行战略的过程中，可能会遭遇各种各样的困难和挫折。在这个时候，领导者要做的就是深入员工中间，与员工共进退，向他们传递积极乐观的精神，共同为渡过危机而不懈努力。

　　　被誉为"现代销售之父"的美国 NCR 公司创始人约翰·帕特森，为了找出员工工作消极的原因，曾把自己的办公桌搬到了生产车间，经过几个星期的观察和体验，终于找到了问题的症结——工作环境恶劣，于是，他对工厂进行了彻底的清扫和整理，安装了全新的盥洗设备，开辟了内部休息室，同时增设了员工自助食堂并提供必要的餐补。

此外，为了履行培养人才的职能，领导者还应该积极践行学习型组织理论，以身作则，勤奋学习，发展自己以激励他人，不断发现和培育人才，并创造条件帮助员工发展自我，通过不断学习和持续改进来提升组织能力。比如，松下幸之助就曾多次强调，"松下电器公司是制造人才的地方，兼制造电器产品"。在这一理念的指导下，他创办了"松下政经塾"。而公司每年用于人员培训与科研开发的费用约占其全部营业额的80%，为企业的发展培养了大批人才。

坤福说

　　总而言之，领导者在企业发展和企业文化建设中，不仅需要确立企业的使命和目标，还要组织领导员工向着这一目标不断迈进；要建立起一套价值理念和精神体系，用以指导员工的行为，激发他们的斗志，并能身体力行，为员工提供行为示范。拥有远大的目标和使命，有一个强大的文化体系来引领行动，有一群企业榜样用自己的行动来引导广大员工按照企业文化的要求、朝着企业目标共同奋斗，是优秀企业的共通之处。

第八章

做好教育培训工作，加深对企业文化的认知

　　人的思想改变是一个长期的过程，教育是前提条件。教育和培训是企业文化落地最常用也是见效最快的方式。企业在安排具体的教育活动的时候，要根据实际情况灵活安排，可以采取集中上大课的方式，也可以分散开来以小团队、小组式进行讨论式学习。无论哪种方式，企业领导的带头提倡和大力支持是使之真正见效的关键。

重视人才培养，增强企业的文化传导力

在知识经济时代，格外重视人才竞争力与文化管理风潮日益高涨的大背景下，作为企业领导者三大职能之一的"人才培养"，被放到了越来越重要的位置。

虽然企业可以经由外部引入和内部培养两大途径获得人才，然而，从外部引入人才却不可避免地存在高成本、低忠诚度、与企业价值观不一致等问题，因而，企业获得人才更有效的途径莫过于从内部培养。这是很多知名学者和企业家公认的观点，比如美国麻省理工学院企业管理学教授沃伦·贝尼斯就曾评价称："员工培训是企业风险最小，收益最大的战略性投资。"美国著名管理学家汤姆·彼得斯亦称："我唯一不会犹豫的投资项目，就是对人员培训的投资，因为我知道它一定会盈利。"

企业的一切工作和行为，最终目的都在于提升自己的竞争力，获得持续的发展，并创造财富。作为企业核心竞争力的人才，其培养工作自然成了企业发展的重中之重。

企业的人才培养工作贯穿于企业发展的每一个环节。比如，员工的入职培训、管理者的榜样示范、企业的会议交流等，都有助于员工素质和能力的提升。企业管理者对于企业文化的有力传导，将直接作用于员工个人修养、道德水平、思维能力的提升，进而打造出高度职业化的人才队伍。

为了更好地领导企业文化管理工作和组织人才培养工作，管理者首先应该具备系统的教育培训能力。

企业文化的教育、宣传和培训工作是企业文化落地的关键环节，

企业文化能否获得全体员工的理解、认同和遵守，进而内化为员工的自觉行为，很大程度上取决于宣传和培训工作是否到位，即能否将企业文化理念体系细化、分解、渗透到企业经营管理的各个层次和流程当中。这就需要管理者做好系统的组织统筹工作，比如，采用何种培训方式，培训哪些具体内容，培训时间如何安排，培训讲师找企业高层领导、部门杰出人物，还是外部培训专家，等等，都是管理者需要认真考虑的问题。

其次，管理者应该具备优秀的沟通和语言表达能力。

企业的各级管理者既然是企业文化的组织建设者，必然是企业中最先接触、了解和接受企业文化的人。再加上职位赋予的职权和自身优秀的组织领导力，管理者自然而然地成了企业文化宣导的主体。管理者在宣讲企业文化的过程中，不管是采用一对一的谈话交流形式，还是一对多的会议讲话形式，都需要具备优秀的沟通和语言表达能力，只有让员工真正领会企业文化的内涵，企业文化建设和管理工作才能得到员工的支持，企业的理念和价值观也才能被员工接受，进而真正融入企业的生产、经营和管理工作中。否则，企业文化建设和落地工作就会困难重重。

再次，管理者还应该具备严格的自我管理能力。

正如前面所说的那样，管理者身为企业文化建设的组织者和倡导者，承担着企业文化传播和落实的重任，其一言一行都会对员工的思想和行为产生很大的影响。然而，说一千道一万，不如上前做示范。可能管理者花了大力气进行企业文化宣讲工作，却不能令员工理解和接受，这就需要管理者身体力行，亲自践行企业文化理念，让员工看到、感受到管理者对于企业文化的重视。不仅如此，管理者还要做到言行一致，如果管理者说的和做的不一样，可能不但会令员工对企业文化产生曲解，还会对管理者自身的领导力造成影响。

最后，管理者还可以综合运用媒体、互联网、微信等多种渠道，将自己的讲话、示范行动等相关文化资料迅速、广泛地传播出去。

坤福说

除了管理者身体力行地传播和实践企业文化外，还可以将那些在企业文化传播和培训工作中表现良好的员工树立为榜样，号召广大员工向他们学习。这样一来，榜样员工群体会因为受到精神或物质上的激励而更加积极地学习和践行企业文化，其他员工也会在榜样的带动下，迅速调整自己的状态，做出积极的行动，这样就能在企业中构建强大的文化传导力。

先宣贯后融通，将企业理念灌输给员工

培训和宣传是企业文化建设必不可少的步骤，同时也是企业人才培养的重要内容。在强调企业文化管理和人才竞争力的今天，越来越多的企业开始重视企业文化培训工作，但他们对培训的理解以及相关方法的掌握和运用深浅不一。

一些企业领导者认为，企业文化宣传需要循序渐进，要通过多沟通，一点点地与员工达成一致意见，这样才能保证员工准确理解和吸收。他们反对通过填鸭式的教育和宣贯来传播企业文化，认为频繁的灌输和"轰炸"会让员工心理疲惫，进而心生反感，做出排斥性的行为。另一些人却认为企业文化必须要先宣贯、后融通，将企业的理念

彻底地灌注到员工的思想中，再借由一定的形式和场景加深员工的理解。

事实上，两种观点没有对错之分。只是，对于系统化的企业文化宣传工作来说，单纯依靠沟通的力量，很难在广大员工中间达成一致认识。毕竟，沟通更多的是指双方意见的交换。即使是最充分的沟通，也很难保证各方最终能够形成一致见解。况且，企业在构建企业文化的过程中已经组织员工参与进来，提炼出的也是大多数员工都比较认同的企业文化内容，这样的企业文化体系构建起来以后，当然要在企业内进行大力传播。一方面，这是全体员工群策群力的劳动果实，员工乐于去了解、接受和遵守；另一方面，为了保持企业文化的系统性，企业需要帮助员工系统地理解和吸收。可能大家都有过这样的感受：碎片化的知识点总是让人难以理解和记忆，而系统化、体系化的东西则不一样，即便内容再多，只要找到相关的连接点，就能准确理解和吸收。企业进行文化宣贯，遵循的就是这个逻辑。

企业进行企业文化宣传和培训，其实也就是对员工进行思想教育，即通过长期的思想教育，使全体员工对企业的精神、价值观、行为方法等达成共识。很多优秀企业的实践证明，宣贯式的教育和培训，的确有利于企业文化的传播和吸收。比如海尔的兼并文化——激活"休克鱼"，就是将自身的先进文化理念灌注到被兼并企业中。

张瑞敏视那些硬件很好，但因思想、观念有问题而停滞不前的企业为"休克鱼"。1995年，海尔兼并的青岛红星电器厂就是张瑞敏眼中的"休克鱼"。海尔在兼并这家企业后，没有拨款，只派了3个工作人员过去。张瑞敏解释道："红星厂搞成这个样子，是人的问题，是管理的问题。1000万元、

1亿元，海尔都拿得出，但现在绝对不能给钱。要通过海尔文化，通过海尔的管理模式来激活这个企业。"

3个工作人员到了以后，按照张瑞敏的思路，先是通过领导班子的调换，营造公平、公开竞争的企业文化氛围；然后将海尔的质量文化移植到红星厂中，通过质量承诺赢得商家和消费者的支持；还将海尔"只有淡季思想，没有淡季产品"的经营理念灌输到红星员工的思想中，使他们的视野、思维和创造力都被充分激活。结果，海尔用了不到1年的时间就将红星厂救活了。

从20世纪90年代初开始的近10年里，海尔秉持吃"休克鱼"的思路，先后兼并了18家企业，并将其全部盘活，扭亏为盈。

企业文化不但要宣贯，还要长时期、持续性地宣贯，这样才能营造出稳定的企业文化氛围，让员工时刻沐浴在企业文化中，形成文化遵从的习惯和思维。一些企业在进行企业文化培训时，往往是想起来才做，或者出了问题才做，这种"救火式"的培训因为缺乏系统性，虽能成就一时的热闹，却无法得到员工的重视，不会产生太大的作用。也有很大一部分企业领导者秉持着"一次就做到位"的心理，在员工进入企业之初，集中组织一次长时间、大规模的培训活动，以后就不再组织培训了。

张瑞敏非常不看好这种行为，他认为，员工培训必须要"抓反复，反复抓"。之所以强调持续、反复地进行培训，是因为一方面，人的记忆不是永久性的，时间久了就很容易把一些常规的东西忘记；另一方面，人的思想在潜意识里就存在自满情绪，这种情绪滋生蔓延，很容易让自己不思进取，因而导致许多"不成问题"的问题成为问题。

坤福说

　　先做系统宣贯，再根据具体化的情境进行引导，使员工一步步地深入理解企业文化，最终将其内化为自己的思想观念，这才是企业进行企业文化培训的理想方法。

培训不但应该分层次，还要具有针对性

　　开展员工培训，是传播企业文化并将其转化为员工自觉自愿行为的必要手段。很多企业都进行过员工培训，采用的培训方式大致包括讲授式、案例学习式、研讨会、活动、游戏、拓展训练、团队训练，等等。当然，每种方式都有自己的优点，要根据具体的培训内容和对象来选择。与此同时，培训不但要讲方法，还要具有针对性。

　　一些企业领导者看到别的企业建设企业文化，自己也摩拳擦掌、跃跃欲试；看到别的企业组织企业文化培训，自己也想组织，结果却是一头雾水：别的企业不管是建设企业文化还是组织培训都做得有声有色，自己也花了大力气，怎么就是不见成效呢？

　　对比成效显著和无所作为的企业培训活动可以发现，两者最大的不同在于，成功的企业是在分层次、有针对性地做培训。对新员

工如何培训，骨干员工如何培训，管理者又该如何培训，都有着清晰而明确的统筹规划。而无所作为的企业则是"大锅烩"式地做培训，不分新员工、老员工，不论是管理者，还是骨干员工或基层员工，都将其安排到一起，接受一样的培训。因为缺乏针对性，所以效果不佳。

就培训本身而言，不管什么样的培训都应该分层次、有针对性地进行，对哪一部门、哪一级别的员工群体应采用什么样的培训方式，从哪些方面做培训……把这些问题解决了，培训才能有效果。

就企业文化培训来讲，在企业进行文化建设的初期，员工对企业文化的相关理论一无所知，这时候可能就需要进行集体性的宣讲和动员，让员工了解有关企业文化建设的一些理论知识，使文化建设工作得到员工的支持和参与。当文化建设工作深入开展起来以后，就需要分层次、有针对性地组织培训了。迪士尼的员工培训就偏重于企业文化的培训，当然遵循的也是先宣贯、后融通，先集中、后分层的培训逻辑。

大多数企业进行员工培训的主要目的在于提升员工的技能和素质，迪士尼则倾向于对员工进行企业精神和价值观的教育。迪士尼要求每一位员工，无论是新聘任的副总裁、经理还是业余兼职的检票员、清洁工，都要参加迪士尼大学教授团的新员工企业文化训练课程，了解迪士尼的历史传统与成就、经营宗旨与方法、管理理念与风格等，并反复接受角色训练，学会迪士尼的独特用语。经过统一的角色训练后，每名新员工都要接受一段时间的专业训练，然后参加相应的课程考试，考试通过以后再到现场与老员工进行结对子学习，以熟悉并适应新工作。老员工需要接受的培训更多，从内容到形式都非常丰富，有"未来生涯""应征""对着星星许愿"
"我们一路走来"等培训课程。老员工们可以针对自己的职业生
涯设计，有选择地参与培训，从而不断提升个人修养。

美国惠普公司的培训思路则是根据员工的工作内容和成熟度，从
业务、技术培训开始，到沟通技巧，最后才是文化、思维的培训，这
是一种比较传统的由硬到软、由浅入深的培训方式。

当然，两种培训方式没有优劣之分，对于任何一个企业来说，合
适的才是好的，因而企业要根据实际情况选择恰当的培训方式。需要
特别强调的是，不管是先文化、后技术的宣贯式培训，还是先业务、
后思维的循序渐进式培训，都需要分层次、有针对性地进行。这是因
为，在一家企业建设企业文化的过程中，不同层级、不同部门需要关
注和掌握的东西是不一样的。

从领导结构来看，高层领导需要关注企业文化的本质、企业文化
与传统文化的关系、企业文化与战略和核心竞争力的关系，以及如何
实施文化变革等内容；中层管理者主要关注企业文化与管理技能相结
合的问题；基层员工则需要充分理解企业的文化理念，并将其体现在
工作中；新入职的员工要从认识企业的历史文化、先进人物事迹、个
体行为规范开始。

从部门职能来看，营销部门需要了解企业文化与品牌建设、促销
推广、广告公关等的关系；人力资源部门需要做到企业文化与招聘、
培训、考核、薪酬、激励、奖惩、任免等工作的有机结合；生产部门
需要了解企业文化如何体现在工艺设计、质量控制、流程改造、操作
规范等环节中；财务部门则需要了解企业文化在投资融资、预算决算
管理、成本控制等方面的应用……

坤福说

　　因此，企业文化培训工作要根据不同的职能和业务需求，分层次、有针对性地进行。比如，讲授式一般适合针对高层管理者的比较理论化的课程；活动、游戏式的培训方式则适合需要感悟和体验的课程；研讨式更适合需要员工对某一问题进行深入探究，并达成共识的课程，等等。

重视思想文化教育，解决好员工情绪问题

　　重视员工培训已经成为现代企业的一种潮流和趋势，一些企业不惜斥巨资建立培训机构，建设培训基地，聘任专家参与培训机制的设立并担任培训导师，等等。然而，很多企业花大力气培养出来的人才却对企业缺乏感恩和忠诚意识，他们动辄要求企业提高待遇，稍有冲突就一走了之，谁给的工资高就跟谁走，这样的情况屡见不鲜。

　　"一朝被蛇咬，十年怕井绳"，面对尽心尽力搞培训，却是"为他人做嫁衣"的结局，很多企业领导者都觉得实在是得不偿失，还不如不做培训，员工完成多少任务，就发多少工资，彻底地回归简单的雇佣关系。

　　但是，放弃员工培训就等于在市场竞争中丧失了人才竞争力。也许有人会反驳说："要人才，我们也可以从外部引进呀！"可是，从外部引进人才一样要花费巨额成本，而且相比自己培养出来的人才，外

部引进的人才一般缺乏忠诚意识。为什么不去探求问题的根源呢？企业培训出来的员工对企业不感恩、不忠诚，是员工的道德问题，还是培训工作出了问题？

的确，每个人都不可避免地存在利己主义心理，习惯从自身的利益出发来思考和处理问题，可能某些人的做法无意中损害了他人的利益，你不能说这样的人没道德。尤其是在讲求制度契约的企业里，你不能用道德标准来衡量员工的行为，而应该用企业文化和制度来引导和规范他们的行为，提升他们的职业素养和职业精神。

企业辛苦培养出来的人才轻易流失，很大一部分原因是企业在培养人才的过程中过分重视业务、技能的培训，而忽视了思想、文化方面的教育。也正因为如此，企业在对员工进行管理和培训的过程中，更应该重视思想教育。如果一次、两次的培训活动不能给员工的思想带来太大的影响，那就结合实际工作反复进行，直到将企业想传达的理念彻底渗透到员工的思想和行动中。比如，要提升员工对企业的忠诚度，管理者就要想办法让员工产生这样的意识：我的上司十分信任我，我的同事也很关怀我，企业的目标和我的梦想是一致的，企业提供的培训活动符合我的职业规划，我的工作是有价值的，我的努力得到了肯定，我为企业的发展而感到荣耀，我想一直留在这里。而这些意识的产生，一方面需要通过组织开展企业文化培训，将企业的愿景、使命、价值观等传达给员工；另一方面需要管理者做好沟通、授权和绩效考评工作。

事实上，企业发展过程中遇到的问题，不会只有人才流失一个。在企业发展过程中，遇到企业并购、战略调整、制度变革、陷入困境等情况，企业需要做出涉及利益格局的调整时，员工中可能产生很多负面情绪。管理者这时候就需要集中开展思想教育工作，妥善解决好广大员工的情绪问题，让他们认识到抓住机遇、加快调整的必要性，同时弄清个人利益与集体利益的关系，统一员工思想以减少工作阻力。比如，海尔激活"休克鱼"的做法，就是通过向被兼并企业的员工灌输企业文化、进行思想教育来达到顺利接手并管好这些企业的目的。

　　以兼并安徽黄山电视机厂为例，海尔接手该厂不久，就出现员工闹事、罢工的情况，针对员工"为自由和利益而战"的呼声，张瑞敏派人组织他们进行"无限期"大讨论，让这些员工明白：市场经济条件下，客户才是企业的上帝，只有生产出高质量的好产品，获得市场的认可，客户才会给他们发工资。"无限期"讨论仅用了三天，就让这些员工认识到：像以前那样自由生产，不考虑客户的需求，就无法参与市场竞争，无法获得利润，最后一定会垮台。于是，他们果断复工了。

坤福说

　　且不说企业发生大的格局调整，即便是在日常的工作中，如果员工有了不好的思想苗头，比如人情化管理，财务报销中的虚报瞒报，团队工作中偷奸耍滑、推卸责任，犯了错误互相遮掩等，一旦放任发展，极有可能在企业内形成不良风气，严重影响内部人际关系，进而影响企业的发展和稳定。这些问题，仅靠领导者苦口婆心地劝诫，很难取得积极的效果，还是需要进行集中的思想教育，把问题摆出来，组织群众展开学习讨论，从整体上提升员工辨别是非的能力，塑造更加职业化的员工。

借助"七何分析法",构建完善的培训体系

"七何分析法"又叫"5W2H分析法",是第二次世界大战中美国陆军兵器修理部首创的。该法简单、方便、易于理解、富有启发意义,被广泛用于企业管理和创新活动。七何分析法有助于使思考趋于缜密,避免考虑问题的疏漏。

企业文化培训意在通过宣贯、教育、实践等手段,让员工全面、正确地了解本企业的文化,及其对行为规范的具体要求,同时锻炼和提升管理者的企业文化管理能力。它是企业文化建设工作中必不可少的环节。

培训工作做得越是全面、系统,员工对于企业文化的认知和认同程度就越高,践行企业文化的自觉性和积极性也会得到相应提升。而想要达到这样的效果,需要有一套系统化的培训机制,以期最大限度地调动企业家、各级管理者和广大员工在企业文化教育培训中的参与度。

很多优秀的企业都构建了完整的企业文化培训体系。比如,杰克·韦尔奇不但定期亲自在企业的培训学院对各级员工进行企业文化培训,而且要求中高层管理者都能够结合自己的工作,设计专门的培训课程,其中企业文化是非常重要的部分。

海尔的培训体系也很健全,集团自创建以来一直将培训工作放在首位,不仅组织了各种各样的实战技能培训(包括"即时培训"和"脱产培训"),还提供职业生涯培训:上至

集团高层领导，下至车间一线操作工人，集团根据每个人的职业生涯设计为每个人制订了个性化的培训计划，并为员工提供了充分的培训机会。

为了更好地对员工实施培训，海尔建立了完善的培训软环境：在内部，海尔对所有可以授课的员工进行教师资格认定，让其持证上岗，建立内部培训师网络；在外部，海尔建立可以随时调用的师资队伍。为培养出具有国际水平的管理人才，海尔还专门筹资建立了用于内部员工培训的基地——海尔大学。集团中高层人员必须定期到海尔大学授课，不授课则不能参与职务升迁；海尔大学每月对各部门的培训效果进行动态考核，划分等级。

在系统化的培训机制的作用下，海尔员工深受企业文化的熏陶，因而能够自觉自愿地践行并捍卫企业的文化。

怎样才能像通用电气、海尔那样，构建起一套成熟、完善的企业文化培训体系呢？我们可以借助"七何分析法"（5W2H）来进行全面的思考和设计。

Why：为什么要开展体系化的企业文化培训工作？前文中已对这个问题做出了解答。

What：培训工作需要解决哪些问题，即培训主题是什么？这需要根据企业文化建设的实际情况来作答。一般而言，企业文化建设的重点、难点以及相关的文化推进策略，都可作为培训工作的主题。而主题的制定，可从层级和职能两个角度入手：企业高层需要做什么，中、基层管理者需要做什么，员工需要做什么，或是各职能部门的相关人员在企业文化建设过程中需要承担些什么工作？

Who：以谁作为培训对象？企业文化建设需要企业不同部门、不同层级的人的共同参与。而针对高、中、基层管理者、不同部门员工和新进人员这些不同的培训对象，应采用不同的组织培训方式。此外，还应根据培训对象的职能、团体规模等，选择相应的培训方式。比如企业高层人数不多，却承担着构建和传播企业文化的职责，他们可以通过开设研讨班的形式，与外聘的咨询专家、培训师一起商讨建设企业文化的策略，或是解决企业文化建设工作中遇到的难题。对于广大基层员工群众，则可以通过开展培训班、组织拓展训练等集训形式，加深员工对企业文化的认知和认同。

什么样的培训讲师合适？管理者需要明确一点，企业文化培训不只是知识和技能的传播，还包含行为引导和教化的内容，培训讲师的专业水平、授课经验、授课风格，及其在授课过程中表现出来的思想和行为等，都会对培训效果造成影响，因而要根据不同的培训对象和培训内容，选择职业素养高且经验丰富的人来担任企业文化培训讲师。

When：在时间选择上，总体上讲，企业文化教育培训应该分阶段、长时期、反复地进行。在具体进行培训设计时，管理者应根据各培训对象的工作紧张程度，在课程设置、授课方式、授课时间等方面进行科学合理的策划和安排，让员工能够积极地参与培训，并取得良好的效果。

Where：培训的场地选择，应该根据培训对象的团体规模和培训形式来确定，要创造相应的环境氛围。为了保证学员之间、学员与讲师之间能够进行良好的互动，一般不宜选择过于空阔的环境，即使是规模庞大的组织团队，在参与培训时，也要将其划分成小的职能单位来进行。

How：怎么做培训？根据不同的培训对象，选择不同的培训内容和培训方式，比如高层管理者对企业精神和价值观的提炼，可以通过定期或不定期地召开研讨会的形式进行；而对员工进行企业精神的灌输，比如合作精神，则可以通过组织开展需要协作的游戏、拉练活动等来进行。

How Much：培训要做多久？做到什么程度？预算支出是多少？这些问题都需要进行深入探讨。

除了运用"七何分析法"对培训的主题、对象、讲师、环境、时间等进行综合考虑和安排外，还应该对培训过程和培训结果进行监控和考核，比如设立专门的考察测评小组，一方面通过全程参与培训活动，对讲师和学员的表现进行跟踪反馈；另一方面以设计调查问卷的形式，考察讲师和学员对彼此的评价。借此提升培训效果和培训质量。

在培训活动结束后，企业还要做好跟踪工作。一方面，通过召集受训者进行讨论学习，让他们陈述自己参与培训的得失感想，共享培训成果，这也是企业对受训者思想成果的考察；另一方面，进一步跟踪受训者在培训后对相关理论的传播和落实情况，为下一步的工作奠定基础。

坤福说

　　这种"七何分析法"的思维方式，换种说法，就是管理的精确化、数字化，这不止用于执行工作指令时，还可以运用到管理的一切方面。在你做任何事情的时候，头脑中都有精确化、数字化的概念，才能避免在工作中盲目冲动或感情用事。

进行企业文化教育，有利于提高员工工作绩效

企业对员工进行企业文化教育，就是通过各种各样的形式，将企业的使命、愿景、价值观等灌输给员工，目的在于树立员工的市场意识、忧患意识，提高员工的工作责任心。

借助企业文化，在企业内部树立学先进、赶先进的良好风气，以积极的手段激发员工的工作热情，调动他们的工作积极性，努力提高工作质量，积极维护和4提升企业形象，确保企业的健康发展，并通过科学的决策和有效的沟通，将企业的目标内化为员工的共同目标，使员工自动自发地将个人的发展与企业的发展结合起来，最终实现企业利润的增长和企业的持续稳定发展。

企业之所以愿意做出这样的努力，是因为优秀的企业文化能够对企业的长期经营效益产生积极影响。企业的经营效益包括企业盈利能力、资产运营水平、后续发展能力、员工绩效等。

其中，员工绩效是指构成员工职位的任务被完成的程度，反映了员工能在多大程度上完成职位要求。它包含三个层面的内容：其一，工作效果；其二，工作行为；其三，工作过程中表现出来的员工的素质品质。只有对三个层面的内容进行综合量化，才能对不同岗位的工作做出统一的绩效考核。

员工绩效的发挥受到个人兴趣、与岗位的适应性、公平感、激励机制、绩效考核机制、工作环境等因素的影响。而企业文化主要从组织环境和激励机制两个方面影响员工的工作绩效。

良好的组织环境是提高员工绩效的前提。很多企业都是通过在企业内营造一定的环境氛围，从而调动员工工作的积极性的。比如，华

为围绕"学习、创新、获益、团结"营造积极的企业文化氛围，在这样的组织环境中，每位员工都干劲十足，企业的效益也因此节节攀升。

　　作为全国闻名的贴膏生产基地，山东朱氏药业集团有着系统、成熟的企业文化，它的精髓是"相信任何员工都会追求完美和创造性，只要给予适合的环境，他们一定能成功"。本着这一信念，山东朱氏药业集团着力营造轻松和谐的工作氛围，充分信任和尊重员工，让他们时刻保持良好的情绪，充分发挥自己的才能和想象力。公司的人力资源部门不仅注意协调公司内部的人际关系，还专门开设了各种各样的课程，免费为员工进行培训。不仅是组织氛围的营造，在硬件环境上，山东朱氏药业集团同样秉持着"以人为本"的办公环境设计理念，办公桌、椅的设计和办公环境的整体布局都严格按照"人性化"和"健康"的原则来进行。所有这些都很好地调动了员工工作的积极性，从而大大提高了员工的绩效和企业的业绩。

除组织环境外，企业的激励行为也会对员工的绩效产生影响。企业文化能够综合发挥目标激励、竞争激励、领导者行为激励和奖惩激励等多种手段的激励作用，全面激发员工的工作积极性，使员工绩效得到提升。

在实施企业文化教育的过程中，除了集体式的宣贯外，管理者还要针对员工的实际工作情况，进行个别教育。绩效面谈就是这类教育的典型。

所谓的绩效面谈，是指管理者根据绩效考核评价的结果对员工进行绩效分析、绩效改善并进行教育训诫的过程。在这一过程中，管理者不应该把自己当成高高在上的绩效评价者，而应该把自己当成与员工有着共同目标的平等交流者。当员工有突出的绩效表现时，管理者需要对员工取得的成绩予以肯定，并指出产生优秀成果的有效行为，以及未来工作中需要注意和改善的地方，帮助员工总结和积累经验；如果员工的绩效考核结果不理想，管理者更应该与员工进行讨论，给员工充分发言的机会，先倾听他们对绩效未达成原因的陈述，再帮助他们分析绩效未达成的具体原因，探求改善工作的途径，并提出相应的希望和要求。当然，这种情况下同样不能忽视赞美，哪怕只是态度认真或是在某个环节、某个细节上处理得很完美，都应该挑出来加以表扬。如果是单纯的批评训诫，这样的负向激励不仅达不到改善员工绩效的目的，反而有可能让员工产生更加消极的心理和行为。

坤福说

管理者在进行绩效面谈时，要注意正确引导员工的行为认知，激发他们的工作积极性和潜力，进而不断提升员工个体的绩效和企业整体的效益。

第九章

借助生动的企业仪式，使员工感受到企业文化

　　企业仪式是指组织内的各种聚会、表彰、奖励及文娱活动等，它可以将组织中发生的某些事情以戏剧化和形象化的方式表达出来，起到宣传和体现本组织价值观的作用，使人们通过这些生动的活动来领会组织文化的内涵。企业仪式在企业生活中指导着人们的行为，它是企业精神的外化。尤其在企业日常生活中，仪式有其无可比拟的作用。

借助仪式活动，让企业精神得以具体体现

　　人是物质肉体和精神心智的统一体，企业精神一旦形成，便能在广大员工中起到鼓舞、驱动、凝聚、熏陶、评价和规范的作用。企业精神是现代意识与企业个性相结合的一种群体意识，每个企业都有各具特色的企业精神。企业精神到底应该通过什么样的形式和方法表现出来，一直是企业文化如何真正执行的关键所在。

　　企业文化是内在的企业精神，它必须要借助一定的载体，把无形的精神力量转化为有形的物质力量，让员工真切地感受到企业文化的存在，能通过某种感染力和共鸣，使员工深深感到他们的企业和其他企业是不一样的。

　　　　科龙的企业战略转变，从制度创新、营销创新、更多让利给分销商，到把家电业界中的恶劣规则公之于众，以诚信行动展现了"诚信"的企业精神。海尔砸76台冰箱的仪式向企业内外宣告，在海尔只有一等品，二、三等品即是废品，真正表达了海尔"真诚到永远"和追求卓越品质的企业精神。

　　仪式是规定人们日常工作、生活、行为的程序，也是公司日常生活中系统的和规划好的一些庆典，它会对企业员工产生影响。企业精神正是通过具体的文化仪式活动体现的。例如，每天进行升旗仪式，可强化员工的爱国、爱企业热情；定期开展奖惩活动，可弘扬企业的

正气；时常举办文艺会演，可以丰富员工的业余文化生活，增强他们的归属感。企业仪式在企业生活中指导着人们的行为，它是企业精神的外化。尤其在企业日常生活中，仪式有其无可比拟的作用。

因此，企业要精心设计、组织各种文化仪式，才能增强员工的自豪感与企业的凝聚力。优秀企业的成功实践经历证明，文化仪式的设计确实是企业文化建设必不可少的重要环节。

在各种企业仪式中最重要的管理仪式是会议，例行会议要注意发挥首创精神：庆典是赏识仪式，是企业对那些工作出色或在企业赖以生存的价值方面，为他人树立榜样的人的嘉奖方式，从而宣扬企业的行为标准。企业领导不仅要积极组织仪式，还要积极地参加仪式。不仅如此，仪式还迫使领导留心去建立包括语言标准、公共礼节和人际交往行为在内的行为标准，借以向员工们明确表达企业对他们的期望。工作仪式不产生直接效果，但它提供了一种安全感和一致性，同时还向外界展示了企业文化的有效性。管理仪式则提供了集体的凝聚力和一致性，并在外界树立起稳固的企业形象。

山东朱氏药业集团为了真正让企业精神落实到员工的行动中，制订了一个详细的计划表，并严格按照这个计划表去执行，确实取得了很明显的效果。员工们都士气高昂，积极主动地投入到工作中，把公司当成自己的家。这一系列活动明显提高了公司的效益，以下是活动内容。

第一，公司内各部门每月应至少举办一次文艺活动，集团每半年举办一次文艺活动，例如诗歌朗诵会、演讲会、歌舞会、小品等。活动内容应围绕企业理念，以演讲会的具体运作为例。

（1）进行征文活动，如题为《企业新貌》《企业的未来》等，字数在 8000 字左右。

（2）通过报纸、板报将文章刊登出来进行评选。

（3）将优秀的文章筛选出来，大约 10 篇，两周后进行演讲会，对前三名进行奖励（证书+奖金）。

（4）对结果进行反馈，评估活动效果，寻找改进办法。

第二，公司各部门每季度应举办至少一次体育活动，集团每半年举办一次，例如羽毛球赛、乒乓球赛等活动。以上活动应由文化部门统一安排，按计划进行。活动内容由文化部门确定，活动形式由各部门确定最后报文化部门审批。对举办得好的部门应给予奖励。实施要点具体如下。

（1）活动内容一定要健康向上，符合企业的企业文化。

（2）不能是为搞活动而搞活动，而应让大家真正能放松身心，使尽量多的人乐于参与进来。

（3）让员工家属参与进来，这样可以使家属更好地支持员工的工作，同时企业对员工家属的关心使其能感受到企业的温暖。

第三，每年春季应有计划地组织员工春游。可增加一些拓展项目，使春游收到更好的效果。春游活动的作用如下。

（1）使员工在心理上得到放松，感受到企业对员工的关心。

（2）增强凝聚力，使团队能得到更好的发展。

> 很多时候，企业精神多半停留在口号上，并没有真正地表现出来。各种具体的实践活动能够反映企业理念，指导企业内部与外部的各项工作，影响企业文化的形成、传播和发展。

仪式与企业文化相融合，强化价值取向

仪式是一种文化载体，每一种仪式背后都有一定的文化内容。比如在著名美籍华人学者黄仁宇的著作《万历十五年》中讲到的先农坛躬耕仪式，帝王下田亲耕，传达出国家对农业的重视。参与仪式的人员有从教坊司遴选出来的风雨云雷各神的扮演者、伶人扮演的高唱太平歌的村妇。播种完毕后还有向皇帝进献五谷的环节，体现了对太平盛世、风调雨顺、五谷丰登的祈求，这是农业社会中，上至帝王贵胄，下至平民百姓的一致追求。

企业生活中随处可见仪式的影子：某些工作行为本身就是一种仪式，企业的管理和训诫工作也多以仪式的形式展开，企业在工作之余会组织各种各样的娱乐休闲活动，在重大节日和具有纪念意义的日子里，企业还会举办盛大的庆典活动……

企业的仪式大致可分为四类，每一类都有不同的企业文化功能。其中，以新员工入职仪式为代表的通过仪式，可帮助员工顺利适应新角色，融入新环境；以表彰仪式为代表的提升仪式，能够强化企业的

价值取向，提高员工的社会地位以及员工对企业的认同感；以各种组织竞赛为代表的发展仪式，其功能在于不断提升企业效率和组织功能；以企业年会、周年庆为代表的融入仪式，能够激发员工的归属感，进而将企业员工融为一体，并为他们提供相互了解的机会，促进彼此间的沟通和交流，减少工作配合方面的摩擦。

很多优秀企业的领导者都懂得并善于利用各种仪式庆典，融合企业文化要素，传达企业的价值取向。玫琳凯化妆品公司作为全球最大的护肤品和彩妆品直销企业之一，其创始人玫琳凯·艾施就善于用隆重的颁奖仪式和别致的奖品来激发员工的斗志。

玫琳凯规定，任何一名推销员，只要能在每个月成功推销出价值3000美元的产品，并连续3个月保持这样的业绩，就能获得一辆"奥兹莫比尔"轿车，并且在隆重的"美国小姐"加冕仪式上进行颁奖。奖品会随着推销业绩的增加而不断升级。二等奖的奖品是一辆粉红色的"凯迪拉克"轿车，而头等奖则是一枚镶有钻石、用黄金制作的大黄蜂别针，寓意"飞得更高、更远"。

隆重的颁奖仪式，加上代表荣耀、具有使用价值的轿车、别针，使努力进取的价值取向在团队成员的关注中不断发展。

麦当劳在美国本部每年都会举行最佳汉堡包制作团队竞赛，所有的麦当劳分店都会仔细琢磨汉堡包的制作细节。这样一来，麦当劳质量至上的价值观念也会得到很好的强化。

诸如企业年会、周年庆这样的大型仪式，是所有企业关注的重点，企业常常会在这些仪式中设置多重目标。比如某企业就在一场周年庆暨颁奖仪式中设计了如下目标：通过对销售人员的高度重视，体现企业的市场导向文化；通过奖励业绩突出的员工，体现企业的结果导向文化；通过企业榜样宣导企业文化要素，将之传递到员工的心中……企业还可以在仪式操作过程中，融合其他的企业文化工具，以强化企业文化的传导效果。比如，可以利用服饰、场景设计来渲染气氛；利用仪式中出现的故事来强化和传递企业价值观，表明企业价值取向等。

企业不仅要关注大的仪式庆典，企业生活中的小仪式一样能够体现企业文化的内容。比如，企业要求员工统一穿制服上班，体现企业对集体认同感的追求；要求所有员工每天上午8点准时上班，体现的是一种纪律文化；给员工举办生日庆典，体现的是企业的"家"文化……

坤福说

赋予仪式企业文化的内涵，借助各种各样的仪式、庆典和活动，并结合其他企业文化工具，必然能够实现传播和强化企业文化的目的。

价值理念仪式化，可以增加企业向心力

仪式是传达企业文化的重要途径，同时也是企业文化的重要组成部分。宏观上，与企业文化相关的仪式活动可以分

为社交礼仪、文化仪式和节日庆典三大类。

第一，企业作为市场经济的主体，作为社会组织，在对内对外活动中不可避免地要有大量的人际交往。在人际交往过程中，彼此间的介绍、称谓、座位安排、说话姿态、肢体语言、交流语气、禁忌用语、服饰配饰、站姿坐姿、握手挥手等方面的礼仪，都可称为社交礼仪。人们常常透过员工在社交活动中的行为表现来判断这家企业的文化素养和文明程度。大凡是那些卓越的、志存高远的企业，在员工的社交礼仪方面都有严格的规定。曾任美国总统的哈里·S. 杜鲁门曾言："一个人不生活在创造品格的基本道德体系中，就不可能有品格。"这些企业的员工生活在讲礼仪、讲文化的氛围里，其品格修养也会慢慢得到塑造和提升。

第二，企业在从事生产活动和组织管理活动的过程中，为了表达对某些事物的重视或强调某种价值，常常会借助某项特殊的仪式来表明自己的态度。企业的升旗仪式、新项目开工建设奠基仪式、新员工加盟仪式、老员工退休仪式、企业合作签约仪式、庆功仪式、表彰仪式、团拜仪式、上班自警仪式、下班反省仪式等，都是文化仪式的范畴。这些仪式不仅能够传达企业的文化内涵，还能凝聚人心，强化员工对企业文化的价值认同。比如，山东朱氏药业集团的一线员工在每天上班前就有举行安全宣誓仪式的传统。员工在进入车间前，都要在班长的带领下，向着入口处贴有自己父母妻儿照片的墙壁进行安全生产宣誓，宣誓内容包括"自觉遵守安全生产规章，保障安全生产和自身安全，保证平安归来，不让家人担忧"等。另外，在企业日常管理活动中，旨在沟通信息、掌握公司经营状况、发现和解决问题的大、小会议，同样属于文化仪式。

第三，企业的各类节日庆典和文化活动作为展示企业文化的重要平台，虽然与象征性的企业仪式有所区别，但也属于大的仪式活动的范畴。节日庆典主要包括企业节日庆典和公共节日庆典两大部分。公共节日庆典即企业在国际劳动节、中秋节、国庆节一类的节日中举办的庆祝活动。企业成立周年，企业成立分公司，企业新车间、新生产线投产成功，企业成功研发出新的产品和技术等，在这些情况下举行的庆典统称为企业节日庆典。除各类节庆活动外，企业平日开展的各类文娱活动和主题活动也在企业文化活动之列。企业的文娱活动如职工篮球比赛、登山比赛、集体旅游等，虽然不能直接反应企业文化的内容，却能调节员工的精神状态，激发员工的创造力，同时增进员工间的互相了解，强化团队的协作精神。主题性的文化活动通常都有着鲜明的文化主题，比如通过开展慈善捐助、环境保护、品质承诺、服务承诺一类的主题活动来传达企业勇于承担社会责任的精神理念。

通过对企业文化仪式种类的分析，我们可以发现，所谓企业仪式，其实就是将企业的日常生活先戏剧化，再固定化，最后程式化，形成一个个的仪式程序，并从中凸显企业的理念、精神和价值观。

山东朱氏药业集团有限公司经常举行隆重的升旗仪式，旨在对员工进行爱国主义教育，增强团队精神。在雄壮的国歌声中，五星红旗及各分公司司旗冉冉升起，而员工们也真实地感受到朱氏药业集团的企业精神：爱国、振奋、拼搏进取、开拓未来！

朱氏药业集团的厂歌是在公司蓬勃向前发展的情况下谱写的，总是飘荡在上班、下班时以及每周一的升旗仪式上，雄壮有力、催人奋进，充分说明了公司的发展前景、规模和性质，充分体现了公司的精神面貌。

为了活跃广大职工的业余文化生活，公司成功举办了"青春在这里闪光""祖国您好"等文化娱乐活动 19 次，并举办"周六活动"，组建"国旗班"。在多功能俱乐部落成后，广大员工将生产、生活中的真实情况自编自演，搬上舞台。丰富的文化生活激发了广大员工更好地服务于社会、服务于企业的积极性。

企业仪式作为企业文化的具体外显形式，需要进行认真组织和精心策划，营造出良好的仪式氛围，使员工受到充分的感染和教育。除此之外，还要保持仪式的稳定性和连续性，这样才能有助于员工养成某种文化习惯。

企业文化与仪式就好比脚本和戏剧的关系，戏剧化的文化仪式相比文化本身多了角色体验的功能。员工在参与仪式的过程中，作为角色的扮演者，身处庄重的仪式情景中，更容易感受到企业文化的氛围，从而获得良好的心理体验，进而产生自豪感和使命感，激发对工作的热情。如果每个员工都产生了这样的认识，企业的向心力也会得到强化。

企业文化仪式化，不仅让员工获得了角色体验，还能将那些抽象、口号式的企业文化语言转化为具体的行动，方便员工认知企业文化的内容，潜移默化地将企业的价值观变成自己的行为准则，并体现到工作中。

坤福说

任何仪式都有一定的程序、步骤、规矩和特殊要求，能够帮助员工认识到行为规范的重要性。因而，将企业的价值理念以仪式、规范的形式确立下来，并敦促员工执行，一样可以起到文化教育的作用。

承载企业文化，仪式有着得天独厚的条件

艾伦·肯尼迪在《企业文化》一书中将"礼节和仪式"作为与企业价值观、企业榜样人物等量齐观的企业文化要素。的确，仪式在传达企业文化方面有着得天独厚的条件。

仪式自创兴以来，一直被当作实施教育的重要手段之一。比如，我国古代官学中，为了劝化不上进的学子，专门设计了乡饮酒礼。在该仪式中，老年人按不同的年龄受到不同的礼遇，目的是向后进者揭示社会伦理秩序和文化价值取向，让他们在耳濡目染之下，产生伦理遵从意识，不断发展自我，成为对社会有用的人。

企业设计的文化仪式也多从达到文化规范、文化教育的目的出发。比如员工的行为规范以及工作中的一些涉及员工安全、员工绩效、产品品质的仪式就是如此。海尔的"6S"班后反省仪式就极具代表性。

在海尔生产车间开班前、班后会议的地方，有两个大大的黄色脚印标识，如果有人违反了"6S"（整理、整顿、清扫、清洁、安全、素养）中的任意一条，下班开会的时候，就要当着大家的面站到大脚印上，进行自我反省，同时接受

班长的批评。

通过对这一仪式的参与，海尔员工对企业的精益化、品质化的生产理念有了深刻的认识，进而端正自己的工作态度，按照企业文化的要求来规范自己的工作活动。

仪式能够鲜明地传达出设计者的态度。比如，庄严的入党宣誓仪式传达出成为一名党员的自豪感和责任感；隆重的奥运会开幕式则传达出主办国对即将到来的赛事的高度重视；军队往往以其庄严肃穆、一丝不苟的态度将士兵紧密地团结在一起，同时获得外界的敬仰和尊崇。在电视剧《士兵突击》中有这么一个场景：在"钢七连"成员即将各奔东西，部队番号即将被撤销，只剩下许三多一名士兵的情况下，他还是当着所有战友的面，为连队最后一名士兵马小帅举行了和当年自己进入连队时一样隆重、庄严的入连仪式。

企业在建设企业文化的过程中设计出来的文化仪式同样要正式、严肃，这样才能有力地向员工传达领导者的态度。如果连领导者自己都没有摆正态度，没有认真参与这场"戏剧"的演绎，那么，员工也不会把它当回事，整个仪式也就失去了存在价值。

除了仪式本身传达出来的隆重感和严肃感外，在仪式中插入表彰性的环节，也是对领导者态度的强调，足以引起员工的重视。比如海尔的"6S大脚印"从1998年开始由黄色改为绿色，不仅让当天表现不佳、工作中出错的员工站上去接受同事的批评和做自我反省，同时鼓励在当天工作中表现出色的员工站上去进行经验分享，实现了同时表彰先进与鼓励后进的全面激励。

表彰仪式是向员工传达正能量的最好方式。每家企业的每名员工都有可能做出优秀的业绩，企业通常也都会对他们进行口头上的表扬或物质上的奖励，可能一次两次员工还觉得新鲜，会为了获得更多的赞美和奖励而努力做出更好的表现，但时间一长，这种吸引力就丧失了。如果能把这种赞美和奖励以仪式的形式表现出来，将会得到另一种结果。

想象一下下面这种场景：让优秀员工像明星一般走上红地毯，享受灯光和目光的追逐，由企业高层领导为其颁发奖品和证书，握手并拍照留念。在这种情况下，受表彰的员工会获得极大的心理满足，油然产生自豪感和归属感，从而更加积极地投入到今后的工作中。通过表彰，优秀员工会成为其他员工争相学习的榜样，激发他们的进取精神，这样一来，企业的发展势头也会锐不可当。

坤福说

仪式具有内在的教育功能。在《说文解字》里，"仪"为法度、准则之意，"式"为效法之意，"仪"与"式"合用，为示人以轨范之意，即向对方提供一种行为模式，让他们参照这个标准来做，最终达到自己所期望的状态和水平。

紧扣企业自身文化理念，仪式才具有生命力

企业的仪式，不仅能够指导企业人员的工作行为，还能潜移默化地引导企业人员的思维。

富有企业文化内涵的企业仪式，对企业文化的传播和强化具有显著作用。然而，这样强大的文化工具却并没有引起

太多企业家的重视。他们受传统思维定式的影响，一味紧盯实现经济利益的目标，重结果而轻过程。相应地，在企业仪式上也就表现出形式单一、缺乏创新、无法与企业文化达成一致的特点。

一些企业经常开会，每次开会动辄几小时，大家七嘴八舌讨论半天，却没有得出理想的方案或提出富有建设性的意见；一些企业的庆典仪式耗资巨大、极尽奢华，却没有传达出企业文化的内容；一些企业的仪式缺乏感染力和震撼力，台上的人感觉自己在演戏，台下的人感觉自己在看戏，都无法真正融入其中；一些企业的奖惩活动非常随意，或随手从口袋里掏出 200 元，奖励一名有良好表现的员工，或直接将奖金连同薪水一同打到员工的工资卡上，对违纪员工实施罚款同样如此，或让其交钱了事，或直接从薪水中扣除，总之，没有半点仪式感，员工无法从中获得荣誉感或留下深刻的印象，其他员工也无法从中获得激励或警示。

要想让企业文化落地，成为企业竞争力的重要组成部分，合适的仪式是必不可少的手段之一。根据企业自身的情况设计出合适、生动、有特色的企业文化仪式，是对企业领导者，特别是企业文化管理人员的基本要求。企业仪式的设计必须紧扣企业自身文化理念，要与企业的愿景、使命、精神、价值观等紧密结合。目前，很多企业的仪式存在常规性、重复性和可替代性，很大一部分原因就在于，这些企业仪式在策划之初就未能与企业文化保持高度一致。究其深层原因，或是企业尚未建立起能够引发全员共鸣的独特使命、愿景、精神和核心价值观，或是企业文化管理人员尚未准确理解和把握本企业的企业文化内涵，无法得心应手地将之运用到企业仪式设计当中。

无论如何，企业文化理念是企业仪式的灵魂，企业在进行某项仪式设计前，必须先弄清楚设计该仪式的目的，要体现什么样的思想理念。以此为基础，加上对细节程序的把握，才能设计出富有影响力的企业文化仪式。

山东朱氏药业集团有限公司坤福堂有一个彰显其企业文化特色的拜师仪式。立药圣像、悬挂司旗；全体员工穿司服、戴司徽，先礼拜药圣像，而后对着药圣像和司旗宣誓中医药誓言和职业信条；宣誓完毕后，公布师徒名单；接下来，签订师徒协议；徒弟给师傅行礼（古拜师礼：稽首三鞠躬）、敬茶；然后，徒弟代表和师傅代表依次发言；最后是公司领导致辞，表示祝福和鼓励。

该仪式在设计之初就明确了仪式所要表达的主题思想——传承。中间的程序设计也是围绕这一核心思想来进行，通过签订师徒协议、行拜师礼、敬拜师茶等环节，突出了"传承"所必须具备的尊重与虔诚。企业中，不管哪一类仪式都必须能够传达企业的文化理念，因而，也都需要进行精心设计，这样才能更好地体现企业文化的内容。

比如，企业组织管理活动中最常见的会议，它能够让员工广泛参与进来，群策群力，传达出对员工能力与智慧的认可和尊重，从而凝聚人心；能够将企业的文化理念宣贯给员工，实现统一思想的目的，是塑造企业文化形象最直接的手段。因而，即便是简单的日常会议，也需要组织者的精心设计，从开会的时间、内容、与会人员等都需要事先做好准备。值得强调的是，开会固然重要，但归根结底，会议也只是传承企业文化的一种手段，建设企业文化的最终目的是促成企业目标的实现。一些企业的领导者把大部分的时间浪费在会议上，过分强调会议的仪式感，导致会议效率低下，就是舍本逐末了。

佳能电子公司从前在讨论重要的经营战略时，社长、领导、负责人等大约20人都要聚集到会议室开会。从早上8点一直持续到下午5点，如此连续召开两天会议。而这样的两天式会议在每个月都要召开两次。会议如此拖沓冗长，而会议中讨论的内容往往毫无意义。

时任佳能电子社长的酒卷久认为：这种开会方式实在欠妥。为了缩短会议时间，提高讨论效率，酒卷久要求将佳能会议室的椅子全部搬走，全体员工召开"站式会议"。

开会方式改变后，会议讨论的内容更加切近主题，有效提高了会议效率，进而缩短了决策时间。

企业的各种庆典仪式，同样是强化员工归属感，传播企业价值观的重要工具。精心设计的企业仪式，用一个主题串联起整个仪式活动，将理论性的、抽象的价值观等企业文化语言转化为形象生动、具体可见的行为，在一种或庄严、或热烈、或欢乐的情景氛围中，让员工接受隐性教育，深化员工对企业价值理念的认识、理解。在参与企业仪式、感受企业文化熏陶的过程中，员工们充当着仪式中不可或缺的一个角色，获得一种心理体验，发现自己的重要性，意识到自己是企业大家庭中的一员，企业的发展有自己的贡献和力量，从而可以增强员工的归属感和自豪感，提高工作热情和对企业的向心力。如果在庆典仪式设计之初没有立足企业的文化内涵，很可能花了大把的钱，不过是让员工热闹一番，获得片刻的放松罢了，无法获得长久的仪式效果。只有保持庆典仪式与企业文化的一致性，仪式才具有固定性，并能持续地作用于企业文化和企业经济的发展。

此外，企业将奖惩行为仪式化作为激励员工的重要形式，并与企业文化对接，一样能够彰显企业的文化价值。企业不仅可以借助颁奖仪式带给员工荣耀并感染其他人，还能通过奖项和奖金额度的设计来传达企业的价值取向及重视程度，进而提升员工对企业的认同感和归属感。比如，海尔就会定期举办表彰大会、员工大会等仪式，在这些仪式上不断地重复企业文化对企业发展和员工发展的重要性，并对那些表现好的员工予以奖励，以实现激励先进、鞭策后进、共同进步的目的。

坤福说

企业的仪式只有与企业文化保持一致，才具有生命力，才能切实推进企业文化的传播和落地。

第十章

完善管理机制，将文化认知变为文化认同

　　制度管理建设，是企业文化建设的根本保障。人们常说，没有规矩，不成方圆。没有制度管理的保障作用，企业文化只能是肤浅的，只会流于形式，消亡于无形。建设制度文化，不仅包括建设完善的企业文化建设制度，还包括修订完善企业运营中的各项规章制度，逐步形成完备、科学的运行机制。

在企业内形成价值共同体，推动企业目标实现

可能大家都有这样一种认识：人越少，越容易统一目标；人多了，每个人都有不同的想法，这时候就很难达成一致的观点。比如，要好的两个人一块儿去吃饭，其中一个人想吃烤鱼，另一个人想吃牛排，虽然意见相左，但只要其中一个人将对方说服就能成行。如果是一群人想要聚餐，需要综合考虑大家的意见和喜好，要确保大家都有时间，也要综合考虑大家的区位和交通来选择地点。这还只是花费几小时的时间吃个饭，而在一个企业，少则几十人、多则上千人聚集在一起共谋发展，大家有着不同的教育背景、生活阅历、职业规划，如何统一他们的行动，是领导者需要严肃考虑的问题。

德国科学家瑞格尔曼曾进行过一项"拉绳实验"（也称"拔河实验"），得出了这样一组数据，每组只有一个人时，平均拉力是63千克；三人群体拔河时，平均拉力减少至53.5千克；八人群体共同拔河时，平均拉力只有31千克。出现这样的结果，不排除有人偷懒的因素，关键问题还在于，大家的力没有使在同一个方向上。员工在参与组织工作时，没有达到预期的目标，或者组织效率低下，很大一部分原因也在于组织成员没有统一的目标。

我们回过头来看，企业领导者的职能是制定目标、组织团队和培养人才。在具体履行这些职能的过程中，领导者个人首先有一个自己的目标，在注册公司、创建企业以后，这个目标被转化为企业的目标。接下来，领导者需要发挥自己的组织管理职能，选定一批志同道合的人，共同为实现企业目标而不懈奋斗。

具体应该怎么做呢？首先，企业在招聘员工时，要将企业的经营目标、发展方向明确传达给应聘者，并比对他们的人生理想和职业规划，看双方意向能否达成一致，在此基础上进行团队组建工作。在员工入职以后，通过长期的培训和宣贯，将企业目标渗透到员工的思想中。做到这一步还不够，员工虽然对企业目标有了清晰的认识，但并不意味着他们认同了这一目标。正如稻盛和夫所言："每个人都有自己的意愿、心智和思考方式。如果员工未被充分激励去挑战成长目标，当然就不会有组织的成长、生产力的提升和产业技术的发展。"领导者不但要经常性地宣讲企业目标，还应该将企业目标层层分解到每一名员工，并进行集体动员，一方面让员工了解完成此目标对于企业和个人的益处，另一方面表明企业对他们的信任和鼓励，让他们充满热情地工作。

笔者作为山东朱氏药业集团的董事长，常找机会向员工畅谈自己对未来的设想。让员工彻底了解经营者的理想和理念，能够让他们拥有坚定的目标和期待。2005 年，集团宣布了"五年计划"：用 5 年的时间，使集团的效益由 2 亿元增加至 8 亿元。如果实现这一计划，员工可享受与发达城市同等的劳动条件和薪资待遇。在这一目标和承诺的激励下，员工都铆足了劲儿地工作，结果成功实现了"五年计划"，山东朱氏药业集团也兑现了关于员工薪资待遇等的承诺。通过不断提出新的发展目标，让员工对未来充满梦想，正是朱氏药业集团得以脱颖而出的要诀。

其实，通过持续灌输让员工认同企业目标，不如让员工直接参与企业目标的制定和管理。这样一来，不但能够调动员工的工作热情，还能激发他们的责任意识。因为目标是自己定下的，员工没有理由不去把它做好。

很多时候，团队管理者为每个人分配了任务，制定了相应的目标，却发现员工执行的积极性并不高。在工作中，员工可能还会抱怨管理者为他们制定的个人目标达成难度太大，超出了他们的能力范围，或者是对团队目标的意图不理解，无法有效地执行。造成这样的局面，是因为管理者不了解员工的心理。

心理学家认为，大多数人都有一种"自我中心思想"，即更倾向于将自己视为事件的中心，认为自己的判断和决策对于整个事件有巨大的影响力和控制力，只要是与自己有关的事情，人们都希望能了解更多，参与更深。因此，如果一个人的参与欲望得到满足，其工作热情就会被极大地调动起来。

日本东芝公司吸收和借鉴了德鲁克"目标管理"的理念，结合自身特点，创造了独具特色的目标管理方式。该企业在制定发展目标时，首先由高层管理人员确定未来的战略和目标，再由上至下，逐级确立各级的任务和目标。下级员工的目标也是经过多次和上级沟通，双方达成一致后，才得以确定下来，保证了最终目标的制定是下级员工接受和认可的。在执行过程中，既有高层领导密切关注和参与，同时也让所有员工都参与目标管理体系，达到了全员认可、全员参与的效果。最后，将绩效与目标管理的成果评价结合起来，激励员工提升工作积极性，从而有效地提升企业的效益。

　　DHL（敦豪航空货运公司）也采取了让员工参与目标管理的发展策略，借此发展成为目前世界上规模最大、服务质量最好的快递公司之一。

　　DHL 成立不久，公司高层就开始考虑巩固其在美国的市场地位并持续扩大市场份额。通过积极会商，公司高层认为必须让员工树立起"为特殊顾客服务"的品牌意识，公司的战略目标才会落地并获得成功。为此，公司高层发布了让所有员工参与公司目标管理的信息。公司规定：如果得到公司的同一指示，那么每个部门、每个区域在设定自己的目标上都可以积极发言。这一政策实施后，员工的发言权甚至落实到了公司的每一位快递司机身上。在这种氛围下，管理者与员工之间的沟通更加畅通，员工能够准确理解管理者的目标意图，充满工作热情，工作执行也非常到位。很快，DHL 的知名度在美国得到大幅提升，业务范围也迅速拓展至各地。

　　国内的一些优秀企业在其文化理念中也都渗透着这样的思想：将员工个人的价值与企业的宗旨联系起来，引导员工在履行企业宗旨的同时，实现个人的价值。比如联想文化的核心就是"把员工的个人追求融入企业的长远发展之中"，海尔也主张要实现"个人生涯计划与海尔事业规划的统一"。

坤福说

> 充分考虑员工的价值追求，让员工参与企业发展目标的制定和管理，并辅之以必要的宣传和灌输，将企业目标内化为全体员工的共同目标，在企业内形成一个价值共同体，能够让企业充满活力，让员工充满积极性和创造性，进而推动企业目标的实现。

激发员工行为的内在驱动力，增加文化认同感

激励是指激发人的某种行为的心理过程，即通过适当的外部刺激，激发出人的积极性、主动性和创造性，进而作用于人的行动，推动事物的发展。有效的激励机制能够将企业的价值观转化为员工个人的价值观，引导员工为实现企业的愿景和使命而奋斗。

那么，什么样的激励手段是有效的呢？艾尔菲·科恩的"3C"动机激励理论为我们提供了参考。艾尔菲·科恩指出，经理必须重视协作（Collaboration）、满意（Content）和抉择（Choice），这是全面激发员工行为的三大内在动力。

所谓"协作"，就是当员工受到合作的鼓舞或有机会帮助彼此取得成功时，会受到激励而更加努力地工作。这就要求企业领导者与员工之间建立起绩效合作伙伴关系，将自己视为员工工作上的盟友，而非权威的领导者，与员工共进退。这样，员工才会愿意敞开心扉与企业领导者交流，企业领导者才能了解员工的真正想法，从而有的放矢

地开展工作。

领导者一旦将自己定位为与员工具有共同奋斗目标的合作伙伴，就要给予员工充分的信任和尊重，让员工参与企业的决策和管理，这样做有利于在企业内形成共同的价值目标，提高员工对工作的投入程度。比如，美国福特公司就在企业内部倡导和推行"全员参与生产与决策"管理，赋予员工参与决策的权力，缩小领导者与员工之间的距离，从而使员工的独立性和自主性得到充分的尊重和发挥，员工的工作积极性随之提高。

当员工在工作中遇到困难时，领导者要提供力所能及的帮助和支持，使其找到正确的工作方法，使企业的整体执行效率都得到提升。不仅如此，企业还应该帮助员工发展自我，通过培训机制来提升他们的工作技能，通过晋升机制给他们提供更广阔的发展空间。

所谓"满意"，就是当员工意识到他们的工作对于组织的重要性的时候，他们会受到激励。任何人都希望自己所从事的工作能够赋予自己成就感，这种成就感通常需要借由别人的赏识来获得。著名哲学家威廉·詹姆斯曾言："人的本性是喜欢被人赏识。"因而，领导者应该让员工看到自己的工作对于企业发展的重要性，以及自己对企业发展做出的贡献，借此激发出他们的工作积极性。

IBM创始人沃森曾这样告诉德鲁克："我要IBM的推销员个个都是让他们的妻子儿女崇敬的人，我不希望他们的母亲会为儿子的工作感到羞愧，或者当别人问及贵公子在何处高就时，必须躲躲闪闪，一味敷衍。"这种"让员工觉得自己有能力"的理念，让员工看到了自己的价值，认为自己的工作是有意义的，愿意为之付出更多。

一个真正吸引人的企业应该是一个不断挑战自我的企业，当企业能够超越行业标准、引领行业变化的时候，可以吸引并激发优秀人才的斗志并获得优秀人才的信任，因为真正优秀的人才喜爱迎接挑战。企业通过设立富有挑战性的目标任务，并在员工实现目标的过程中及时地给予反馈，对员工的进步给予及时的表扬和奖励，不仅能够帮助员工更加明确自己的努力方向，还能鼓舞员工的士气，提升他们的工作效率。

积极、正向的反馈能够激发员工的工作热情，这项结论可以通过亨利·法约尔的实验得到印证。

科学管理专家亨利·法约尔曾做过这样一项实验：挑选20名技术水平相近的工人，将他们平均分成两组，让他们在相同的条件下同时进行生产。每隔一小时，他就会去检查一下工人们的生产情况。

对第一组工人，法约尔只把他们各自生产的产品数量记录下来，并没有告诉工人他们的工作进展速度。

而对第二组工人，法约尔不仅对生产的数量进行记录，而且还明确告诉他们各自的工作进度：第一次考核完，法约尔根据考核的结果，在生产速度最快的两名工人的机器上各插一面小红旗；在速度居中的四名工人的机器上各插一面小绿旗；在生产速度最慢的四名工人的机器上，则插上了小黄旗。这样一来，每个人的生产速度就一目了然了。

最终的实验结果显示，第二组工人的整体生产速度和效率明显高于第一组工人。

因而，领导者有必要及时将对员工的评价反馈给他们，明确地告知他们，什么地方做得好，哪里还需要改进，并提出具有建设性的意见，以帮助他们改善和提升自我。

所谓"抉择"，就是如果员工在自己的工作中被授权进行决策，他们会受到激励而更加努力地工作。这项需求动机需要借助领导者的授权来实现。

领导者在将某项工作移交给下属的时候，最好能把相应的决策权力一并授予他。如果缺乏相应的权力，员工在执行工作中可能会面临两种情况：一种情况是，领导者仅仅下达了任务目标，没有明确的指令，需要员工自己组织、调动团队与资源来完成任务，这种情况下，员工可能因为没有相关权力而无法及时组织和调动资源来完成任务，进而丧失工作积极性；另一种情况是，领导者已经安排好了所有的工作，员工只需要依照指令按部就班地执行就可以了，在这种情况下，员工完全丧失了自主发挥的空间，自我实现的心理需求得不到满足，员工的工作积极性同样提不起来。此外，授权还是领导者对员工传达信任的表现，领导者不愿意授权，表明其对员工缺乏信任。任何一名员工都不会愿意为不信任自己的领导者卖命。

坤福说

领导者应该信任员工，大胆授权，通过给员工设置一些富有挑战性的目标和任务来激发他们的潜能，让他们在工作中获得成就感和满足感。在这种情形下，员工会对企业文化表现出高度的认同。

利用薪酬保障和福利承诺，赢得员工的追随

很多时候，分配机制对于员工的影响要比激励机制来得直接，来得实际，其对企业价值观能否落实的影响同样十分直接。只有能够同时体现公平和激励原则的分配机制，才能有效支持企业价值观的落实。

领导者要想获得员工的忠诚追随，除了为员工制定富有挑战性的目标，让他们不断获得自我突破和自我提升之外，还要让他们的价值从物质上体现出来。正如许家印所说的那样，"人是有价值的，什么样的人、什么样的水平、什么样的贡献，就一定要有什么样的待遇"。

能够直观体现员工价值的分配机制包括基本的薪酬、福利和一些企业建立的利润分享机制。其中，薪酬是员工的劳务报酬，是员工工作获得领导者肯定的一种直观表现，是激发员工工作积极性的有效手段之一。一家企业薪酬的结构比例、设计原则，都是企业文化的一种体现。它以最直接的薪酬形式告诉员工，这家企业倡导什么，关注什么。那些被企业认为有价值的岗位和技能，通常都会直接体现在具有相对优势的薪酬当中，比如某些企业技术型人才的薪酬相对偏高，而另一些企业可能更乐意给产品研发部门的工作人员提供高薪酬，各家企业所实施的薪酬战略直接体现了企业所倡导的价值理念。福利更多的是一种保障性的机制，但某些福利的实施与搭配，同样能够体现一家企业的价值取向，能够激励员工做出有利于企业发展的行为。

一个好的薪资福利体系必须具有内部公平性和外部竞争性，以使企业薪酬在市场上具有竞争力。通过公平合理的薪酬分配，肯定员工过去的工作业绩，可以使之获得成就感；对员工未来的工作目标进行薪资福利承诺，则会激发员工不断提升业绩的热情，这些都是企业文化最直接、最有力的体现形式。

在20世纪30年代美国经济大萧条时期，众多企业纷纷选择通过裁员降低损失，同样遭遇经济危机重创的，拥有接近两万名员工的IBM，却在这个时候做出了不裁员的承诺，将所有的员工组织起来，寻找发展的新市场，去海外拓展市场。结果，经济危机过后，IBM竟一跃成为全球科技市场的供应商。可以这样说，是IBM不裁员的承诺，保住了员工的饭碗，获得了员工的忠诚。也正因为如此，员工愿意倾尽全力推动企业的发展。

IBM公司第二任总裁小托马斯·沃森曾说过："一个企业领导者要知道，企业成败的一个关键在于，是否能使员工最大限度地发挥其潜能，而物质激励的作用在这方面是巨大的。"优秀的员工总是希望自己的价值能够在薪酬中得到体现，从而持续获得自我超越的动力。

杰克·韦尔奇在获得博士学位后，于1960年加入通用电气公司塑胶事业部。他的第一项任务是找到一个制造PPO（一种用于化工的新材料）的示范场地，然后把工厂建立起来。在皮茨菲尔德的一座破败的楼房里，他与另一名化学专家为了建立工厂，花费了许多心血和精力。

一年之后，工厂终于建立起来，他也得到了高度评价，而且被公认为通用电气公司塑胶部门脱颖而出的一颗新星。然而，令他感到失望的是，通用电气公司只按照标准给他加了 1000 美元的薪酬。而且无论个人表现得好与坏，每个人都获得了同样金额的加薪。韦尔奇不喜欢在这样浓重的官僚主义氛围里工作，他决定辞职。

当时，公司听到韦尔奇即将离职的消息非常震惊。就在告别聚会即将举行之际，通用电气公司总经理亲自飞到这个城市，向他提出了几乎无法抗拒的条件：假如他留下来，公司将为他提供更理想的薪酬。韦尔奇接受了，并认为那是"一剂医治创伤的良药"。

随后，韦尔奇成了 PPO 工艺开发项目领导，虽然这种材料看上去不怎么起眼，并且很难塑造成型，市场前景不为人看好，但是，他依然对工作充满热情，在努力克服一个又一个的困难后，终于制成了一种在高温下具有很高的强度，并且容易塑造的材料。这种塑料制品的商业名称叫"诺瑞尔"。

1968 年，因为推销诺瑞尔的成功，韦尔奇成为聚碳酸胺脂和诺瑞尔两种塑料制品部门的领导，成为通用电气公司最年轻的一位总经理。1981 年 4 月，他成为通用电气历史上最年轻的董事长和首席执行官。在他的领导下，通用电气也从全美上市公司排名第十位发展成盈利能力排在世界前列的世界级大公司。他于 2001 年 9 月退休，被誉为"最受尊敬的CEO""全球第一 CEO""美国当代最成功最伟大的企业家"。

坤福说

　　除薪酬、福利方面的承诺外，领导者还可以通过让员工参与企业利润的分享，譬如通过员工持股来提升员工的工作热情。据调查，美国500强企业中90%的企业实行员工持股，美国上市企业中90%的企业实行员工持股计划。国内领先企业如华为、阿里巴巴等也都有员工持股方案，通过让员工入股的方式，将员工的利益与企业的利益捆绑起来，塑造和强化员工的责任感和参与意识。握有企业股份的员工，会被定期告知企业的经营状况，并拥有对企业的经营施加影响的机会。这样一来，员工的满意度、忠诚度以及工作热情和工作责任感都会被激发出来。

构建一致的文化信仰，保证员工对企业的忠诚

　　长期以来，众多的企业家和管理学专家围绕"如何保证和提升员工对企业的忠诚度"的问题，进行了很多探索。毕竟，只有企业全体员工上下一致、精诚合作，才有望实现企业的发展目标。如果员工不能忠诚于企业，不愿意为企业的发展贡献自己的价值，那么在工作中得过且过、损公肥私的行为就会频繁发生。

　　很多企业采取利益诱导的方式来赢得和保证员工的忠诚。具体表现为，用优厚的薪酬待遇和奖金、福利制度来留住员工，给他们提供发展的机会和晋升的空间，让他们充满热情地奋斗在自己的岗位上，为实现企业的目标而不懈努力。

令人满意的薪水和涨幅能够激发人们的工作热情，这是毋庸置疑的。人对于财富的渴望，被马斯洛列入其需求层次理论中的"安全需求"里，同时，薪酬作为领导者对员工工作表示肯定的一种形式，是员工实现自身价值的结果，也是员工"尊重需求"和"自我实现需求"的表达。因而，通过利益诱导和利益捆绑的方式来强化员工积极的工作态度的实践，具有一定的科学性。遗憾的是，这种方式本身存在很大的弊病，很有可能让企业与员工之间因利益而结成的合作关系迅速瓦解。毕竟，在企业内部的复杂关系中，员工除了关注企业与自身利益的平衡外，还关注自己与同事之间的利益对比。

"我和他处在同样的职位，工作内容也差不多，和他相比，我的薪资情况怎么样？"

美国心理学家斯塔西·亚当斯曾针对这种心理做过专门研究，得出的结论是：在企业里，员工工作的积极性不仅受绝对报酬的影响，更重要的是还受相对报酬的影响。员工不仅会思考自己的收入与付出的劳动之间的比率，还会将自己的收入和付出之比，与相关人员的收入和付出的比率进行比较。当员工把自己的报酬与做同样工作的他人报酬相比较，发现二者是相等的，他会感到这是正常的、公平的，因而心情舒畅地积极工作；当员工发觉二者不相等时，内心就会产生不公平感，于是有怨气、发牢骚，继而影响到工作积极性。

祁艳在山东朱氏药业集团有限公司已经工作一年了，工作像她期望的那样令人满意并具有挑战性，经理对她的工作表现也十分满意。最近，经理给她的4550元月薪又加了200元。然而，她的工作积极性却在最近几周里大幅下降。这是什么原因呢？

原来，公司新近聘用了另一位和她同一个学校毕业的大学生。此人比祁艳少一年的工作经验，但月薪是 4800 元，比她加薪之后的工资还多 50 元！除了愤怒之外，用其他任何词语都难以描述祁艳现在的心境，她甚至打算辞职另找一份工作。

上述案例中，祁艳通过比较产生了不公平感，工作积极性也因此受到影响。这种经过比较而产生的不公平感在心理学上被称为相对剥夺感。相对剥夺理论认为，当人们感知到他们当前享受的生活水准与他们认为他们应当享受的水准之间不一致时，人们就开始变得不满和具有反抗精神。也就是说，被感知到的不公平待遇能够触发团队中某些成员的分化和叛离。这对团队合作来说无疑是个极为危险的信号。

王经理是山东世纪通医药科技有限公司的人力资源部负责人，近段时间他烦恼不断，因为，两位他看重的业务骨干要辞职。主要原因是，这两位员工认为他们现在所做的贡献远大于回报，而且事实的确如此。而公司则认为，他们所取得的成绩是因为有公司做后盾，离了公司他们什么也不是，又怎么会有作为？两人听后，一气之下选择了辞职。

相对剥夺理论强调，每一个人不仅关心自己所得到的绝对报酬，而且还关心自己的报酬与他人报酬之间的关系。员工在比较这些关系中做出判断，如果发现自己付出与所得之比和其他人相比不平衡，就会产生追求公平的动机与行为，其结果可能会是降低生产效率、降低产出质量、缺勤率或自动离职率上升等，这些行为都将对企业的利益带来损害。此外，过多地向员工灌输利益因素，会让员工的视线聚焦到利益问题上，形成利益至上的思维逻辑，进而做出有损企业和消费者利益的行为。

利益捆绑对于保持员工忠诚度和工作积极性方面表现出来的弊端，让企业相关研究者转而探寻其他的管理方式。有相当一部分企业看中了制度的规范性作用，试图用制度来约束和控制员工，将他们改造成为高度职业化的员工。

制度具有很强的规范性不假，前提是要保证制度的文明性；要立足于企业实际；要系统、科学，实现规则之间的无缝对接；要简明扼要，保证员工能够理解和遵守；还需要管理者以身作则。很多企业虽然推崇制度管理，在实际工作中却状况百出，它们的制度要么过分严苛，遭到员工的强烈抵触；要么生搬硬套，无法真正联系企业内部真实的人事环境和利益平衡；一些企业管理者甚至公然带头破坏制度。这种极端僵化和教条主义的企业作风，让制度的神圣性荡然无存，权威性也一损再损。

无论是用利益吸引员工，还是用制度控制员工，其控制力都是十分脆弱的，随时都可能面临瓦解。解决问题的根本途径，还是要回到精神层面上来，建立让员工普遍认同的企业文化，才能保证员工对于企业的忠诚。正如阿伦·肯尼迪所描述的那样，文化能"把人团聚在一起，并使他们的日常生活充满着意义和目的"。

　　贵州南明老干妈风味食品公司创建者陶华碧用十几年的亲情化经营，换来了员工们对公司的强烈认同和归属感，他们纷纷视公司为家，亲切地唤董事长陶华碧为"老干妈"，愿意紧紧地团结在她周围，兢兢业业地工作。即便是那些已经离开的员工，因为在别处找不到家的感觉，有些会返回老干妈公司工作。

有一名男员工离职后，在别的单位干得很不顺心，特别想念"老干妈"，又不好意思直接见她，只好托人带话说想回来。陶华碧一听就说："我也一直惦记着他呀！《还珠格格》里的小燕子走了，她的皇阿玛是那么牵肠挂肚，我也是那样啊！你转告他，也让他转告所有从'老干妈'出去的人，如果他们在外面干得不如意，都可以回来，当妈妈的哪会嫌儿丑呢？"

陶华碧这种宽容的态度，再度获得了员工的赞美和敬仰，他们忠诚于"老干妈"的决心也更加坚定了。

坤福说

所有的企业领导者都应该相信这一点：未来企业管理的出路一定是企业文化管理。所以，从现在开始，重视并积极开展全员参与的企业文化建设吧！

文化与制度良性互动，共同作用于企业发展

企业文化管理是继制度管理之后，企业界和学术界的一种新提法，其基本思路是，将企业的价值理念以制度的形式固化下来，作为激励、提升或淘汰员工的标准。在企业文化管理的背景下，人们对制度有了新的认识：制度的确立，不

是为了管理人，而是为了优化企业的管理模式，更好地为人服务，体现企业信仰，保障企业目标的实现。

制度对于企业文化落实的保障意义的核心在于其与价值观的一致性。然而，现实情况却是，很多企业依然落在制度管理的窠臼里，这些执着于制度管理的企业，要么完全不讲企业文化，把制度看成是万能的，建立了规模宏大的制度体系，可能一本员工手册就动辄几十、上百页，最终却因为制度本身过于苛刻、烦琐，缺乏必要的监督机制，管理者不能以身作则等问题而形同虚设，无法得到贯彻执行；要么轰轰烈烈地建设企业文化，也确立了企业的核心价值观，却没有将企业文化建设的相关成果体现到企业的制度中，造成价值观被束之高阁的局面。每家企业都有制度，然则，与企业文化一致的制度却很少。一些企业的某些制度甚至出现了背离价值观的情况：可能在价值观里强调民主、平等、创新，在制度设计上却处处彰显官僚化作风，注重等级划分，强调管理者的超然地位，过分追究失败的责任……

我们反复强调，在企业文化管理中，制度是作为企业文化落地的保障而存在的。一旦与企业的核心价值观背离，企业文化管理的威力就无法得到有效发挥。因而，如果企业有志于实现企业文化管理，就有必要立足核心企业文化进行制度创新，即要把企业文化落实到制度上。问题是，怎样才能做到这一点呢？价值观仅仅是几个高度概括的词语或句子，制度却是指导各个领域具体工作的规则，两者之间似乎很难有直接的联系。况且，还要保证企业文化能够自然地落实到制度中，成为企业的一种自觉行为。

这的确是一道难题。解决的办法却也不是没有。至少，我们可以像3M公司那般，超脱企业的职能部门和职能领域，站在整个企业的立场上，专门为价值观落实而编写制度。

3M 公司的使命是"成为最具创意的企业，并在所服务的市场里成为备受推崇的供应商"。相应地，公司的价值观也对"创新"进行了强调："尊重员工价值、发挥其潜力、鼓励创始力"。为了保证这一价值理念的落实，公司推出了一系列的制度及配套措施。

"15%的规定"：科技人员可以把 15%的时间用在自己选择或主动申请的科研项目上。

"25%的规定"：公司 25%的销售收入必须从过去 5 年开发出的新产品中来（后来 3M 公司又对该项规定进行多次改动，总趋势是比率相对提升而时间相对缩短）。

"金步奖"：颁给在 3M 公司内部取得创新成功的人。

"创世纪奖金"：内部创业投资基金，分配给开发原创产品及做市场试销的研究人员，一笔最多给付 5 万美元。

"科技共享奖"：颁给开发出新科技且成功地和其他部门共享的人。

......

3M 公司的这些制度措施，使其"鼓励创新"的价值理念得到了很好的贯彻落实。需要特别指出的是，并不是所有的制度都能或都需要体现价值观，而是价值观本身需要在一些领域、一些措施上有制度作为保障。"创新"也仅仅是 3M 公司核心价值体系中的一部分。

反过来，从制度的视野出发，也不是价值体系中的每一个点，都需要有配套的制度来加以落实。事实上，很多制度根本无法与价值观挂上关系。如果制度真有那么大的包容性，就不需要讲企业文化管理了。毕竟，企业文化管理是新的环境形势下用以弥补制度管理缺陷的产物。因而，我们在企业文化建设过程中关注的制度，应是那些能体现时代精神与企业特色的制度。

坤福说

保持企业制度与价值观高度一致的最好方法还在于以价值观为核心，进行整体的制度建设。这样一来，企业制度所要规范的行为，正是企业价值观所倡导的行为。在价值观潜移默化的熏陶之下，员工会很快理解和接受企业的相关制度，并按照制度的要求行事。而制度的顺利实施，又能巩固和提高员工对价值观的认同与接受程度，促使员工在日常行为中，由一开始的强制执行渐渐转化为一种自觉行为。实现文化与制度之间的良性互动，共同作用于企业的发展。

拓展企业文化的传播途径，提升企业美誉度

企业形象的树立、品牌形象的塑造是一个复杂的系统工程，它通过向外界传递信息，展示企业和产品特色，促进企业与社会大众之间的相互了解，协调彼此之间的关系，为企业塑造良好的信誉度，为企业的生存和发展创造良好的外部环境。

吸引社会公众广泛参与，向外传播企业文化

企业文化的价值不仅在于规范企业内部员工的行为，更重要的是要获得社会公众的认同，这样才能推动企业目标的实现。而向外传播企业的文化是一项浩大的工程，不仅需要企业员工的集体努力，还需要吸引社会公众的广泛参与。

企业需要激发各部门、各层级员工的参与意识，充分调动他们的参与热情，为企业文化对外传播贡献自己的一份力量。当然，要实现这一目标，除了必要的激励手段外，强化企业文化的内部传播，让员工认知、认可企业的文化是最重要的前提，只有用企业的文化塑造高度职业化的员工，让他们对企业产生归属感和自豪感，他们才会将对外传播企业文化、维护和提升企业的形象当成自己的责任，并积极主动地去践行。

员工除了在各自的工作中直接或间接地展示企业文化外，也可以为企业搭建文化交流和传播平台出谋划策，通过组织策划和举办各种形式的活动，吸引社会公众的关注。

一般而言，企业文化的外部传播渠道有以下几种。

CI 传播：在建设企业文化的过程中，企业通常都会设计、制定一套规范化的视觉识别系统（CI），它集企业身份、企业历史、企业理念、行为、视觉等于一体，是社会公众识别企业和企业向外展示自身风貌的一座桥梁。LOGO 作为 CI 系统的核心，是企业对内对外的公认标识，更需要被广泛地传播、推广，以方便公众识别和记忆。

专题活动：把企业文化与公众关注的话题联系在一起，与名人联系在一起，与传统节日、纪念日联系在一起，从而达到传播企业文化

和塑造企业形象的目的。恒大集团创始人许家印就曾举办过很多专题活动，这里提供几例与大家分享。

2012年，恒大地产系列文化沙龙之"中国一百年爱情"活动在沈阳恒大江湾城举办，现场邀请了多位重量级嘉宾，共同探讨爱情观，气氛极为热烈。活动结束时，恒大还喊出了"我们卖的不是房屋，是爱的巢穴"的口号。

2013年"光棍节"前夕，恒大策划了以"喜临雅苑，爱会恒大"为主题的长沙首场足球主题集体婚礼，在长沙恒大雅苑的草坪举行。这场极富创意和噱头的婚礼，将足球元素贯穿始终，演绎了30对新人因足球结缘的爱情故事，获得了极高的关注度。

2014年七夕，山西吕梁恒大华府隆重举办了吕梁首届万人相亲大会。牛郎和织女的唯美爱情故事，昭示着中国传统的爱情力量，对于中国情侣来说意义非凡。恒大借助七夕这个特别的日子，利用恒大华府作为活动平台，营造出浪漫的相亲氛围，邀请上万名单身男女参与交友互动，为他们提供邂逅相识的机会。

这些与爱情相关的专题活动，向社会展示了恒大文化中"家"的概念，深深地触动了公众的情感，因而也容易获得公众的认同。

公益活动：企业可以通过赈灾捐款、响应"希望工程"的献爱心活动、支持社会福利事业等形式，向社会表达善意、履行责任，传播企业文化的相关信息，以提高企业文化在社会公众心目中的影响力。很多优秀的企业领袖都热衷于参与慈善公益活动，马云就是其中之一。

2008年汶川地震后，阿里巴巴集团曾第一时间捐款赈灾，同时还开通了网络捐赠渠道，号召大家积极参与。阿里巴巴内部也专门成立了一个"灾后重建小组"，由马云担任组长，千余名员工自发加入。同年7月，马云与壹基金发起人李连杰签署了战略合作协议，开启了阿里巴巴与壹基金的全面合作。2011年1月，马云成为壹基金理事。这一年，淘宝网通过"聚爱心"活动所得的善款全部用于支持壹基金的壹乐园计划。2012年2月，"阿里巴巴公益基金会"正式成立，马云成为该基金会的首名志愿者。同年，壹基金在天猫商城开设公益店，并成为淘宝"公益宝贝"（2006年设立）善款接收方之一。

关注社会、关注民生，充满善意和责任感的企业，往往容易赢得社会公众的认同。知感恩、懂畏惧，是阿里巴巴和马云从第一天开始就有的坚持，如果能始终践行这一承诺，相信阿里巴巴"存活102年"的目标最终也能实现。

展览展销会：向外界展示企业的新产品、新技术，并解说产品背后的理念内涵，产品的使用、操作方式等，能透过展品内容的质量和参展员工的精神状态，全面展示企业的能力和实力。

接待参观：敞开企业的大门，热情接待外界人士前来参观，这是全面传播企业整体形象，消除社会公众对企业误解的好方法。

比如，华为就十分欢迎外界人士到企业参观考察，而且能够迅速组建起大规模的接待团队，为参观者提供细致、妥善的接待服务。

对外交流：富有眼光、热爱开放式学习的企业，通常会安排相关人员到外部进行交流学习，包括参加各种类别的培训活动。在提升员工能力和素质的同时，也对外传播了企业的文化。

比如，恒大在组建"万人足球学校"之前，就曾组织相关人员到国内外优秀足球青训基地进行调研学习，而足球学校的建设成果大家有目共睹。

提供咨询服务：企业可自行组织或与其他企业联合，在某个特定的时间、地点为公众提供咨询服务，回应和解答他们所关注的问题。这样一来，既传播了企业的文化，又能给公众留下良好的印象。

有奖征答：企业可以就产品商标、广告语、厂徽、司歌等，面向公众举行创意设计大赛。活动本身就体现了企业对公众智慧和公众意见的尊重，有利于塑造企业的亲民形象。在活动过程中，参赛者为了设计出理想的作品，又需要对企业的基本情况、文化传统等进行深入的调查研究，这无疑也是对外传播企业文化的好方法。

企业的文化书籍：很多企业都编印有介绍企业历史、产品质量标准、流程标准、员工行为规范、企业故事一类的图书、报纸、杂志，里面都或多或少地介绍和反映了企业的文化，增加出版发行的数量，也能推动企业文化的传播。

广告：企业的广告就内容而言，分为介绍企业产品的商品广告和宣传企业本身的公共关系广告；就形式而言，主要包括报纸广告、杂志广告、车厢广告、墙面广告、海报广告、户外广告、立体传媒广告等，是塑造企业形象、传播企业文化的重要途径。

新闻：企业通常会通过新闻媒体向外界宣传企业取得的优秀业绩、突出成就、企业的重大战略决策调整、企业的宏伟目标，等等，是企业提升知名度和美誉度的重要方式。

媒体平台：几乎每家企业都有自己的网站、OA 平台、邮件平台、论坛、QQ 群、微信群等，既是全体员工参与建设和学习企业文化的重要平台，又是员工对外传播和分享企业文化的重要平台。

> **坤福说**
>
> 企业可以广泛地发动员工和社会公众，灵活地使用各种传播方式，多角度、全方位地对外传播企业文化，以期在公众心目中留下好的印象，实现企业知名度和美誉度的综合提升，最终推动企业的稳步发展和企业目标的实现。

借助互联网思维，使企业文化传播效果升级

在当下这个知识经济时代，随着信息、技术更新换代的加快，互联网在人们的工作和生活中发挥着越来越重要的作用，互联网所传达出的开放、平等、协作、分享的精神也越来越被人们重视和倡导。

首先，互联网突破时空的开放性和它所倡导的开放精神，启示管理者打造开放式平台的重要性和必要性。

互联网与传统意义上的广播、影视、图书报纸媒介相比，不仅突破了时空的限制，具有广阔的信息覆盖面，而且具有更多的物理维度，能够实现物质波具体形式之间的实时转换，实现声音、文字、图像等海量综合信息的传递。利用互联网来作为企业文化传播的载体或搭建企业文化传播的平台都是不错的选择。换言之，企业的论坛、网站、

OA 系统、邮件系统、QQ 群、微信群等与网络相关的技术手段，都应该被运用起来，成为企业文化传播的主要阵地。

互联网的开放精神不仅体现在互联网工具本身突破物理时空的开放上，它其实已经延伸到了人们思维空间的开放上。前文中总结罗列的所有企业文化传播方式，不管有没有运用到互联网工具，都可以根据企业发展的实际情况进行组合运用，从而搭建多样化的、广阔的企业文化传播平台。以企业内刊为例，它作为企业文化的重要载体，既可以以传统的纸张为媒介传播，也可以采用电子期刊的呈现形式，进行传播和推广。通过企业内刊，一方面，可以将企业最新发展取得的成就、企业当下面临的机遇与挑战、企业即将做出什么样的战略规划等最新鲜的资讯定期传达给员工，让员工看到企业的进步，了解企业的战略，有明确的目标和方向，进而满怀希望、充满干劲地工作；另一方面，可以让客户了解企业的发展、企业的产品、企业的故事、企业的气质与性格，对外彰显企业的个性。

其次，互联网的平等精神启示管理者，必须以一种平等的姿态和心态来组织、安排企业的文化传播工作。

互联网的水平存在方式决定了网络是一个平等的世界，在网上交流、交往和交易的人们，去除了权力、财富、身份、地位等标签，以平等、平和的心态交流。管理者在组织企业文化传播工作时，如果能适时地抛下自己的身份，与员工、客户、公众站在同一水平线上，其所要表达的观点、理念就可能更容易获得接受和认同。比如，管理者可以建立自己的微博，定期更新，发表观点，将个人思想和信息在第一时间与社会公众进行交流和沟通。管理者要自觉地站到与文化传播对象同等的位置，以文化交流者或分享者的身份与他们进行沟通和交流，既要表达自己的意见观点，又要注意倾听对方的声音。

再次，互联网的协作精神启示管理者，可以广泛发动社会各界人士参与企业文化的传播过程。

互联网世界是一个形式多元、协作互动的世界，每个人既是信息的接受者，又是文化的传播者。企业在建设和传播自身文化的过程中，需要与社会各界展开广泛的合作。比如，企业在提炼自身文化精神、价值观时，可能需要求助于咨询公司。咨询公司在其长期的实践过程中，吸收了很多著名企业的优秀文化理念，也积累了丰富的经验，在帮助企业梳理价值观时，无意中可能就植入了这些优秀的元素；而企业文化一旦建设成功，推动了企业的发展，咨询公司的名声也会随之响亮起来。企业在根据文化理念制定企业制度时，如果能发动员工广泛参与，群策群力，于理念传播、制度推行都具有积极意义，最终将作用于企业文化的落实。

最后，互联网的分享精神启示管理者，不仅要与企业员工分享资源、目标、荣誉和利益，还要与社会公众分享企业的诚信、责任，分享一切优秀的技术和文化。

因而，要尽可能地拓宽企业的文化传播渠道，使企业的文化惠及更多的人群。只有这样，企业才能赢得员工的忠诚追随，才能在社会上树立起高大、鲜明的企业形象。

坤福说

　　用互联网思维建立企业文化的传播机制，无疑能开发出多元化的、广阔的传播渠道，相应地，企业文化的传播效果也会随之升级。

在产品中注入文化内涵，以获取市场占有率

随着社会生产力的发展，一方面，大量的产品涌向市场，增加了商品市场的饱和度，商品交易的话语权开始为消费者所掌控；另一方面，人们的生活水平不断提升，消费需求也更多地从简单的物质层面上升到了精神层面。为了吸引消费者的关注以获取市场占有率，一些企业开始注意在产品中注入企业文化的内涵。

苹果公司每发布一款新产品，专卖店门口总会出现人头攒动的景象，彻夜排队的"果粉"大有人在。

麦当劳凭借炸鸡和汉堡，迅速风靡全球，受到了全世界顾客的喜爱。

碳酸饮料风味众多，可口可乐却以一种口味在全世界畅销100多年。

腾讯推出社交平台微信，仅仅三年的时间，注册用户就超过了六亿人。

老干妈从不做任何广告宣传，却能使其产品火遍全国，受到消费者热捧。

......

在这个物质充盈、产品过剩的时代，上面这些企业的产品之所以能脱颖而出、获得大众消费者的一致青睐，是因为这些企业生产的不是简单的物质产品，这些产品中蕴含了丰富的精神内容，正好契合了消费者的需求。

以 iPod 为例。2001 年，带着 Napster 随身听的年青一代渐渐喜欢上了数字音乐，传统音乐行业陷入了同数字音乐展开的自我毁灭式的竞争之中。在这场竞争中，史蒂夫·乔布斯预见到了市场需求，他洞见消费者需要这样一种产品————一种把 MP3 播放器的便携性与喜欢数字音乐的年轻群体融为一体的产品。于是，iPod 应运而生。

作为一种技术商品，第一代 iPod 其实在很多方面都不占据优势：首先，就是容量小，仅为 5GB，价格却比一般的 MP3 昂贵许多，当时买一台 iPod 的钱可以买下两台其他品牌容量为 15GB 的 MP3 播放器；其次，电池容量小，续航能力差，只能连续播放 10 小时左右，而索尼的一款 Walkman 能达到 30 小时；再次，兼容性差，用户只能在 iTunes 上购买 DRM 格式的文件，并且只能在 iPod 上播放。

但就是这样一款 iPod，却创下了数字音乐播放器的奇迹，成为历史上销售增长速度最快的音乐播放器。2004 年，iPod 占领了美国数码音乐播放器市场份额的 50%。这一数据在 2006 年迅速上升到 74%，连美国总统、英国女王都成了 iPod 的忠实粉丝。

iPod 之所以风靡，就源于它满足了人们对时尚音乐生活的追求，将音乐与互联网结合在一起，给用户带来了全新的音乐生活体验。

老干妈的成功其实也是同样的道理。老干妈瞄准的是普通大众这一最为庞大的消费群，迎合了人们对于生活快餐化、简单化的追求。由于年青一代人工作和生活方式的改变，外出就餐的比例大大高于居家就餐，而居家就餐也逐渐向简餐、快餐的模式靠近。"老干妈就饭、老干妈拌饭"，成了时下很多年轻人的居家饮食写照。老干妈开罐即食，既节省时间，而且自由度高，越来越受到年青一代人的青睐。

"褚橙""柳桃""潘苹果"，与市场上的同类产品相比，价格高出了许多，销售却异常火爆，甚至在部分城市卖断货，供不应求。它们之所以获得消费者的青睐，其中最重要的一个原因就是满足了人们对健康生活的追求以及对健康食品的需求。

坤福说

分析上面的这些事例，我们不难发现，一种产品之所以能成功，必然是与顾客的内心产生了共鸣。这些产品除了基本的使用功能外，还具有更深的价值内涵，能让顾客在使用产品的过程中获得精神上的愉悦和满足。这些承载着企业文化内容的产品，在获得市场认可的同时，也实现了企业文化传播的目的。因而，产品是企业文化传播的重要载体。

赋予品牌文化的内涵，赢得知名度和美誉度

重视品牌建设是所有企业，特别是从事大众消费行业的企业的共同特质，他们常常不惜投入巨额资金进行广告宣传，希望借此吸引公众的眼球，建立起自己的品牌形象。然而，相比于品牌建设，大多数企业在企业文化建设上的投入却微乎其微。在他们看来，消费者主要关心的是企业提供的产品和品牌能不能满足他们的消费需求、够不够安全可信，而对这家企业的理念是什么、产品又是如何生产出来的关注不多。

这里存在一个认知误区，企业文化与品牌其实是不能被分割开来的，每一个品牌背后都需要有一定的文化内涵。如果脱离了文化或缺乏文化根基，不管用什么样的色彩来堆砌，用什么样的名人来衬托，

都只是一个缺乏灵魂的花架子，或许一时能夺人眼球，却终究不是长久之计。

我们不妨先从概念上辨识企业文化与品牌的关系。

企业文化是企业在生产经营过程中逐步形成的，为全体员工所认同并遵守的，带有本组织特点的使命、愿景、宗旨、精神、价值观和经营理念，以及这些理念在生产经营实践、管理制度、员工行为方式与企业对外形象的体现和总和。

品牌是指产品或服务同竞争者区别开来的名称、名词、标记、符号或设计及这些要素的组合，以及在这些要素组合中的文化特质和该产品或服务在经营活动中的一切文化现象；同时包括这些文化特质和现象背后所代表的利益认知、情感属性、文化传统和个性形象等价值观念的综合。

从概念上看，企业文化是企业的内在气质，是企业制订长期战略计划和组织发展的依据。品牌则是作为企业文化的重要载体而存在的，其背后蕴含着深厚的企业文化内容，其本身也是一种重要的文化形式。它对外代表着企业的形象，能够通过与外部社会的沟通，传递企业的价值取向，得到社会大众广泛的认可。

企业文化是高于品牌的东西，只有建立优秀的企业文化，企业的品牌建设才能有迹可循，也才能获得社会公众的长期认可。否则，砸钱再多，也不过是在搭建空中楼阁，无益于企业的长远发展。当然，也不是说企业就不需要进行品牌建设了，所谓"酒香也怕巷子深"，一家拥有优秀文化的企业，如果没有必要的品牌宣传和推广，在充斥着形形色色商品的市场上，也很难引起消费者的注意。因而，企业的品牌宣传需要与企业文化相融相生，做到表里如一，这是企业文化建设之道，也是品牌推广之道，同时还是企业经营的长久之道。

此外，优秀的企业文化还能增加品牌的附加值。

　　欧洲一家调查机构曾做过一项有趣的实验：将著名的嘉士伯牌啤酒同一款普通的啤酒调换包装，让顾客品尝，结果，几乎所有人都认为装在嘉士伯瓶子中的普通啤酒好喝，而装在普通瓶子里的真正嘉士伯啤酒却被评价为"难喝极了"。

　　类似的还有一个关于品尝饮料的实验：将一款品牌饮料和一款普通饮料倒入同样的杯中，不贴标签，让被试者品尝并记录评价结果；给两杯饮料贴上相应的标签，再次让同一组被试者品尝并记录评价结果。结果，在没有贴标签之前，几乎有半数以上的被试者认为那款普通饮料口感更好；而贴上标签以后，所有人都一致评价品牌饮料更好喝。这就是品牌文化的效应。

苹果系列产品之所以能制造出那样的轰动效应，正是源于乔布斯为这一品牌注入的文化内涵。只要一提到苹果品牌，人们脑海里可能就会蹦出时尚、简约、昂贵这样的字眼，并且，许多人都会刻意去淡化"贵"这个字眼，而慷慨地买单。从这一点上看，苹果公司卖的不是单纯的产品，而是文化。通过赋予品牌深刻而丰富的文化内涵，找准品牌定位，并充分利用各种强有效的外部传播途径，形成消费者对品牌在精神上的高度认同，创造其对品牌的信仰，最终赢得强大的品牌忠诚度。

坤福说

　　只有将企业的文化建设、品牌建设和形象建设紧密地结合起来，赋予品牌企业文化的内涵，才能成功塑造出企业的品牌，赢得广泛的社会知名度和美誉度，树立企业的良好形象。

作为企业的主体，员工传播企业文化更直接

　　除了企业家外，作为企业主体的员工，同样是企业文化对外传播的重要载体。企业的文化理念和价值追求必然会在员工的职业活动中有所体现，而企业中有一大部分员工需要直接与消费者或客户打交道，他们也因此成为公众了解该企业文化的一个最直接的途径。

　　企业中的榜样员工是企业文化的有力传播者。我们在前文中曾谈到，企业管理者可以利用企业中榜样人物的示范作用，向员工宣贯企业的文化。同样，企业可以借助榜样员工来实现企业文化的向外传播。

　　比如，中华人民共和国成立初期的大庆油田，就是通过王进喜的一言一行向中国乃至世界传播了艰苦奋斗的拼搏精神、高度的主人翁责任感和勇于创造、大无畏的革命精神。

　　1960 年年初，大庆油田被发现，石油队长王进喜从玉门油田率领 1205 钻井队，加入了这场"石油大会战"。

当时的大庆没有公路，车辆不足，连工人基本的吃住都成问题。好不容易钻机运到了，吊车却不够用，如何将几十吨的设备从车上卸下来并运到井场成了一个大问题。王进喜表示："我们一刻也不能等，就是人拉肩扛也要把钻机运到井场。有条件要上，没条件创造条件也要上。"结果，他们用滚杠、撬杆，用双手和肩膀，花了三天三夜，硬是将井架搭建起来。

开钻的时候，因为水管没有接通，王进喜又带领众工人到附近的水泡子破冰取水，用脸盆和木桶来来回回运了50吨水。经过艰苦奋战，仅用了五天多的时间就打出了第一口井。

打第二口井的过程中，王进喜的腿被砸伤，住进了医院，却两次从医院跑出来，拄着拐杖坚持工作。有一天，突然出现井喷，因为没有压井用的重晶粉，王进喜当即决定用水泥代替。成袋的水泥一时间搅拌不开，王进喜又扔下拐杖，奋不顾身地跳入齐腰深的泥浆池中，用自己的身体来搅拌。三小时后，井喷被控制住了，王进喜也累得起不来了。当时王进喜的房东赵大娘心疼地说："王队长，你可真是铁人啊！"于是，"铁人"王进喜的名号就这样传开了。

"有条件要上，没条件创造条件也要上！""宁可少活20年，拼命也要拿下大油田！"一句句铿锵有力的口号，一次次奋不顾身的行动，将大庆油田的"铁人"精神展露无遗。

企业负责销售和客服一类的员工，与公众消费者有着最直接、最频繁的接触，因而也对外代表了企业的形象。他们的着装和举止是否足够职业化，他们提供的服务是否足够专业化等，直接决定了企业的整体精神风貌和企业的文明程度。

海底捞以服务闻名。当顾客到海底捞吃饭，在候位区排队的时候，如果有需要，服务员会提供修指甲一类的服务，还会提供水果拼盘和饮料，或扑克、象棋等，供顾客娱乐打发时间。

用餐的时候，如果顾客戴着眼镜，服务员会为其提供擦眼镜的绒布；如果顾客是长发披肩的女士，服务员会为其提供束发的橡皮筋；如果顾客带了手机而没有带包，服务员会为其提供专门装手机的塑料套……

从头到尾，服务员的脸上始终带着得体的微笑，总是在第一时间满足顾客的要求，给顾客宾至如归的感觉。

海底捞之所以能够名扬京城，靠的就是从每一位员工身上展示出来的精细、优质的服务文化。

华为则是通过紧凑的、密切配合的团队活动，向外界展示其狼性文化。

下面是一个某地市局的副局长带领三四个人，到华为基地参观时，华为工作人员的接待过程。

地点：杭州。办事处秘书帮助销售人员填写客户接待的电子流程，办事处会计帮助申请出差备用金。

地点：深圳。客户工程部接待人员打电话核实和修改电子流程中的行程安排；司机及接待人员到机场接机、安排住宿；系统部职员打电话和销售人员确认高层接待事宜，并且负责安排高层领导；公司总监A设接风宴；公司总台打出电子屏幕横幅，"欢迎某某局长一行"；公司总监 B 为其介绍华为的产品战略。

其他地点：产品展示厅。展厅人员 A 负责讲解移动产品，展厅人员 B 负责讲解传输产品，展厅人员 C 负责讲解宽带产品……

这么一项简单的接待任务，华为公司都能迅速地组建起一个 20~30 人的团队，并且依靠团队成员默契的分工合作，轻松地完成任务。想必，那些受接待的人员也会被华为员工的表现所深深地震撼吧。

除了榜样员工、一线员工外，其他不直接面对客户的员工，一样也承担着传播企业文化的职责。他们在工作中参与技术研发、品牌设计和产品生产等，也能通过这些媒介，间接地将企业的文化传播出去。即便是日常的生活中，他们也能为维护和提升企业的良好形象做出贡献。

2013 年 11 月，APEC（亚洲太平洋经济合作组织）峰会在巴厘岛召开，印度尼西亚移动运营商 A 客户将在峰会期间发布 LTE（一种移动网络制式）业务，要求各厂商提供 LTE 体验 DEMO（示范）。最终，华为提供的 DEMO 毫无悬念地赢得了运营商的认可。而为了赢得这个认可，华为产品经理姚本俊可以说是"拼了老命"。

在姚本俊的带领下，华为团队创造了全球第一个 LTE 全息演示。因为是首创，而且国内的全息技术还不够先进，团队在技术实现过程中遭遇了各种难题和艰辛，姚本俊的朋友说："这事你搞不定，别妄想去发明一个谁也没见过的东西。"供应商则说："你这个东西我们没做过，做不了！"一个又一个的人劝他选择传统的 LTE 演示方式，却被他一口回绝了。姚本俊说："平常的东西如何能够打动客户呢？对于品牌，我心中始终有个标准，如果不能做到极致和非凡，还不如不做。"

为了坚守心中为客户提供最好产品的标准，姚本俊把近 50 千克的全息玻璃从中国带到印度尼西亚，在过海关检查的时候被印度尼西亚警方误扣，在小黑屋被关到了凌晨，他则思索客户解决方案思索到了凌晨；供应商不愿接单，他则买来材料自己动手制作。最终，姚本俊成功了，在产品上真正体现了 LTE 的三维全息与 3G 的二维视频在体验上的巨大区别。

在工作中，当员工抱持像姚本俊这样的工作理念和追求时，一定是受到了企业文化的影响。一个缺乏企业文化认同感和归属感的员工，必然不会将维护企业的形象视为自己的责任，更不要说去积极地践行。而华为长期以来坚持"以客户为中心"的价值理念，将满足客户需求、为客户提供一流服务作为其生存之本，在这样的企业文化熏陶之下，才有了姚本俊这样追求极致的工作行为。

坤福说

　　每个职工的素质及其表现，实际上都会影响公众对其所在企业的评价。所以，企业中的每一位员工都应强化自己也是"企业文化传播主体"的意识，并在日常工作和行为表现上注意要符合企业规范，不给企业形象抹黑。

第十二章

创设考核评估体系，使企业文化顺利落地

　　企业文化评估是指采用专门方法对企业文化建设与落地工作进行检查与评价，是对企业文化管理体系过程和结果的有效控制、评价和反馈，是贯穿企业文化管理体系全过程的一项基本工作，是促进企业文化"生根结果"的有效工具，是企业文化建设与创新的重要环节。

科学诊断企业文化，弄清其真实发展水平

　　任何一家致力于实施企业文化管理，通过企业文化来提升核心竞争力的企业，都需要时时关注自身企业文化的发展水平和发展状况，这是企业制订和实施相关战略计划的前提和基础。

企业在建设企业文化的筹备阶段，需要进行一次全面的企业文化诊断，弄清本企业的企业文化发展水平和发展状态。

第一步是进行文化诊断。是否具备企业文化的衡量标准是企业在环境中的生存状态，企业和产品获得公众认同的程度，以及员工的凝聚力和忠诚度等。如果企业在市场竞争中没有形成自己独特的竞争优势，没有与环境变化和发展的趋势结合，产品没有获得消费者的认同，企业的形象没有在公众中树立起来，员工流动率居高不下，说明这家企业还没有形成自己的企业文化，建设企业文化的工作需要从头开始，系统策划。

如果管理者已经做出了建设企业文化的努力：管理者亲自向卓越企业取经；或授权给人力资源部门，组建相应的企业文化建设团队，由他们负责企业文化的建设工作；或求助咨询专家来帮忙设计企业的文化内容，那么这些东西与企业的实际环境匹配程度如何，落实情况如何，是否有助于企业竞争力的提升等，同样需要进行考核和测评。

事实上，大多数企业在做企业文化建设前的准备工作，以及进行企业文化的提炼、导入或改革工作时，都已经认识到进行文化诊断的重要性，都在注重考察本企业的企业文化发展水平。管理学界为这方

面的工作提供了权威理论和具体操作方法。其中，瑞士洛桑国际管理学院著名教授丹尼尔·丹尼森创建的"丹尼森组织文化模型"是比较简单可行的一种企业文化诊断方法。

丹尼森在对大量公司进行研究后，总结了企业文化的四个特征：参与性、一致性、适应性和使命。

在这四大特征中，"参与性"涉及员工的工作能力、主人翁精神和责任感的培养，可从中考察企业对培养员工、与员工进行沟通，以及使员工参与并承担工作的重视程度；"一致性"用以考察企业内部组织工作的协调程度，看企业的凝聚力与向心力如何；"适应性"主要是指企业对外部环境中的各种信号做出迅速反应的能力；"使命"则主要考察企业在眼前利益与长远利益之间的取舍和把握。

每一种企业文化特征又细分出三个考察维度。具体地讲，"参与性"主要从授权、团队导向、能力发展三个方面进行考察；"一致性"从核心价值观、配合一致、协调与整合三个方面进行考察；"适应性"主要从企业的组织学习能力、对"顾客至上"信条的践行情况、团队的创造变革能力三个方面进行考察；"使命"主要从企业的愿景、目标、战略导向与意图三个方面进行考察。

运用"丹尼森组织文化模型"，企业可以通过问卷调查的形式，让员工对企业文化的 12 个维度进行评分，并根据各个维度的得分情况，调整企业的组织策略，推动企业战略目标的实现。

此外，也有理论称"组织氛围决定了企业 70% 的绩效"。因而，实施组织氛围测评也是明确企业文化水平和特征的重要形式。组织氛围的测评包含六个评价维度：进取性、责任性、明确性、灵活性、奖励性和凝聚性。其中，"进取性"考察企业从领导者到员工群体是否有敢于拼搏、积极进取、追求卓越的精神；"责任性"考察企业员工是否具有高度的责任感，能否积极承担工作中的责任；"明确性"考察企业是否有明确的愿景目标和战略方向，是否将大的愿景目标细分到每一个具体的岗位工作中；"灵活性"考察企业能否协调制度流程与创新行动之间的矛盾；"奖励性"考察企业的激励制度和分配制度是否以绩效为导向，能否体现公平原则；"凝聚性"则主要考察企业的团队协作精神。每一个维度都有明确的评估内容，因而也具有可操作性。

很多企业在企业文化建设的准备阶段注意审查自身企业文化情况，而在企业文化确定下来，进入企业文化的传播和落实阶段以后，反而忽视了对企业文化的建设效果和落实情况进行检查和评估，结果导致企业文化建设工作偏离了既定轨道或企业文化落实情况大打折扣。

坤福说

企业文化考察和评估工作应该贯穿于企业文化建设的始终，不仅要在筹备阶段对企业文化水平进行综合考察，对企业文化建设各个阶段、各个要素的实施情况也应该及时进行检查和评估，这样才能保证企业文化建设工作积极、有力地进行下去，从而切实提升企业的文化竞争力。

定期检测和评估，掌握企业文化落地情况

企业文化评估机制是企业文化建设与落地管理的重要组成部分，是对企业文化建设的过程分析、成果鉴定和工作流程的检验体系，是企业文化建设系统的重要策略和方法。

虽然企业文化推进过程中建立起来的各项管理制度和激励机制本身就具有评价功能，能对企业文化的推行情况有所反馈，却存在相对滞后和不够全面的问题。为了进一步有效推进企业文化建设与管理，科学定位和规划企业文化战略，设定具体的企业文化建设目标，正确选择企业文化建设的方案和路径，必须对企业文化建设各个阶段的效果和成果进行科学的考核与评估，对企业文化建设过程和结果进行有效控制、评价和反馈，进一步落实各级管理者的企业文化实践责任。这样才能有效解决企业文化建设中存在的突出问题，进而系统提升企业文化建设工作水平，最终作用于企业的长远发展。

要想建立起一套完善的、能够有效推动文化落地的评估机制，必须要做好角色划分。在一套完整的评估体系中，有组织者、实施者和评估者三大角色。其中，组织者承担着建立并持续改进企业文化效果评估指标，定期发起企业文化效果评估，分析评估结果并撰写评估报告，以及管理企业文化效果指标的职责；实施者需要负责企业文化评估的具体操作，汇总调查结果并向组织反馈；评估者则专门负责给代表企业文化建设效果的各项指标打分。

从三大角色各自的职能来看，组织者的角色应该归属企业的文化管理部门。对于那些没有成立专门的企业文化管理部门的企业来说，则应该由实际负责企业文化管理的团队或组织来担任。如果团队的力

量或在企业中的影响力不足以承担起这一角色的职能，则应该寻求企业高层领导的支持，在企业领导者的带领下履行相关职责。作为实施者，必须具备一定的资源优势才能完成相关工作：要有一个庞大的组织系统，能够深入企业的各个管控架构中。作为最佳组织者的企业文化管理部门显然不具备这样的优势。相对于整个企业而言，企业文化管理团队的阵容实在太小，如果要在一个集团公司的众多子公司中同时开展企业文化评估的话，企业文化管理部门或承担企业文化管理工作的团队、组织难免分身乏术。因而，需要寻求一个具备完整团队的组织系统来配合企业文化评估的实施工作。企业的人力资源部门和行政办公系统都具备完整的队伍，但相较而言，人力资源部门从管理职能上看更贴近企业文化管理，因而，当由人力资源部门扮演实施者的角色。最后，评估者的角色更多地由员工来扮演。企业文化建设效果到底好还是不好，企业的制度、领导行为、激励机制是否很好地体现了企业的价值观，员工对此有最直接、最全面、最深刻的感受，因而也最有发言权。

划分好了角色以后，我们再来看企业文化评估机制的内容。

对于企业文化建设进行考评，既是控制过程的前提，又是其实现的形式。无论是考评结果，还是考评行为本身，都对企业文化建设工作发挥着激励导向作用。因而，考评的内容必须涵盖企业文化建设的各个方面，包括对企业文化建设战略规划的评估、对企业文化管理尽责情况的评估、对企业文化形象传播效果的评估、对管理者个人的尽责效果评估和对制度文化审计效果的评估五大方面。其中，有关管理职能尽责的评估着重关注提升计划完成情况、管理机制运行情况、企业文化培训效果评估、企业文化提升效果几个方面。企业文化形象传播效果则主要关注企业文化形象提升目标、企业文化信息发布管理、形象视觉应用规范和企业文化传播渠道管理。

　　整个企业文化评估机制关注的重点在于管理者的价值观评价与管理者的企业文化履行责任状况考核两个方面。这是因为企业的管理者常常作为企业的标杆人物存在，他们的行为会对员工产生巨大的榜样影响力，一家企业的企业文化践行程度，从管理者身上就能得到清晰的体现。因而，管理者要领导或配合好企业文化部门的工作，定期进行企业文化审计与评估，包括对企业文化认知、理念文化冲突、行为文化冲突、制度文化冲突、行为习惯影响和组织公民行为的检视与评估。通过检视企业文化的考核和评估，全面认知组织、团队的企业文化现状，再来检视自己的行为规范现状，找出自身与企业文化要求的差距：自己的思想与组织所倡导的价值观是否存在冲突，自己的日常行为与组织所倡导的行为规范是否一致等，从而提升自己的企业文化自觉性。此外，还要注意审视企业的制度文化，考察企业的制度理念、制度管理、制度体系与制度执行四个环节的现状与目标之间的差距，从而获得全面、客观的制度文化建设的决策依据。

坤福说

　　通过定期进行企业文化检测和评估，及时了解和掌握企业文化建设和落地的情况，据此做出下一步的战略决策，才能保障企业文化沿着健康、科学的方向发展，这样的企业文化落地后才能成为企业发展的核心竞争力。

利用测评工具，量化考核文化建设的效果

　　企业组织和实施企业文化建设，目的是营造出一种积极向上的组织氛围，从而帮助企业实现战略目标。而这样的目的是通过企业内部的组织设计、制度建设、流程建立、领导力培养、激励机制等达成的。因而，对企业文化建设效果的评价，也应该从企业价值观在以上各个管理环节当中的落实情况入手。这样看来，企业文化建设效果其实是一个综合性的管理评价指标，它体现的是员工对于企业的总体评价，或者说体现的是企业整体管理工作的效果。

　　既然要开展企业文化建设效果的评估，就需要找到相应的指标来代表这个效果，就像"投资回报率"可以代表企业的经营绩效一样。显然，类似于对企业文化的特征、种类、现状等的测评都无法达到这样的目的，它们都属于"定性"的内容，没有办法进行量化考核。那么，什么样的指标能够代表企业文化建设的效果呢？

　　鉴于企业文化建设的整体效果是基于"员工对企业的总体评价"产生的，能够直观表示员工对企业的评价的"员工满意度"和"员工敬业度"也就成了很好的量化指标。事实上，也有很多学者和企业尝试用这两项指标来评估企业文化建设的效果，并取得了一定的成效。下面简要介绍一下这两种测评工具。

1. 员工满意度测评

　　"员工满意度"测评是运用比较广泛的一类企业文化测评的工具，在企业内设计实施这项测评，能够迅速发现组织内部的不足，从而加

以改进。具体操作过程中的相关评价维度和评价点如下。

（1）对工作本身的满意程度。主要从工作适合度、责权匹配度、工作挑战性、工作胜任度等指标入手。

（2）对工作回报的满意程度。主要从员工对自身工作的认可度、事业成就感、薪酬公平感以及晋升机会的获得情况等指标入手。

（3）对工作环境的满意程度。主要从企业的工作空间质量、工作时间质量、工作配备齐全程度、福利待遇情况以及企业氛围等指标入手。

（4）对工作群体的满意程度。主要从企业员工与同事合作的和谐程度以及企业的信息开放程度等指标入手。

（5）对企业整体的满意程度。主要从员工对企业的了解度、对管理制度的满意度、参与管理的程度以及对领导者的能力评价等指标入手。

2. 员工敬业度测评

该项测评工具是由闻名全球的盖洛普咨询公司开发出来的。盖洛普的专家们认为，"敬业"是比"满意"更积极的员工评价。如果"满意"指的是员工"对这里的喜欢程度"，那么"敬业"就是指员工"为了改善公司经营成果而愿意付出努力的程度"，高敬业度的员工不仅工作表现优异，而且对企业有着更高的认可度和忠诚度，始终希望为企业做出更多贡献。联想集团很早就开始尝试使用这种测评工具，在不断实践的基础上形成了颇具特色的以敬业度为核心内容的企业文化测评体系。

员工敬业度测评的量化指标是"对公司做出积极、正面的评价""愿意留在公司"及"努力施展才能，付出额外努力，为企业的成功做出贡献"三类员工在整体员工中所占的百分比。

经过对多家公司的测评积累和跟踪，盖洛普公司发现："敬业度分数在75%以上的公司可被称为最佳雇主；分数在60%以上的公司一贯拥有卓越的经营绩效；敬业度分数低于25%的公司的经营能力受到严重影响"。作为最佳雇主的企业具备如下的特征："不断激励员工实现出色业绩，确保员工感受到关注和重视，以能够实现长期成功和持续性发展的方式运作业务"。

该测评从以下六个维度展开。

（1）人员。包括对高层领导、直属经理、同事进行全面评价。

（2）工作。包括企业的工作任务分配情况、资源分配情况、内在激励机制等。

（3）机遇。包括企业对员工能力和技能的认可，企业的培训、晋升机制等。

（4）生活质量。包括企业为员工提供的工作环境的舒适、安全、人性化程度，以及工作与生活的协调程度。

（5）规程。企业是如何开展工作的，有什么样的制度政策，能否体现员工的价值等。

（6）薪酬。企业的薪资、福利状况是否能够激发出员工的工作意愿和工作热情。

无论是员工满意度测评，还是员工敬业度测评，都能够很好地揭示员工对于企业的整体评价，但都不是从企业文化角度出发的评价，因而不能完全替代对企业文化效果的评估。即便如此，我们也不是在做无用功。至少，我们透过上面的探索明确了这样一些问题：对企业文化效果的评估其实就是对与企业文化建设相关环节实施效果的评估，包括制度、流程、激励、领导等，它们都是直接影响员工对企业满意程度、归属感和忠诚度的要素；评估的目的在于透过对企业文化建设效果的了解，改进内部管理，使团队更加一致、和谐、高效行动。

山东玛尔思企业管理咨询有限公司根据企业文化建设的目的、结合企业文化建设的客观现状，在对企业的精神文化、制度文化和物质文化构成要素分析的基础上，提出了企业文化建设成果实施效果评价的硬性指标体系。该体系由企业文化类型、评价维度、评价点和二级评价点四个基本架构组成，几乎涵盖企业文化建设中的所有点和面，能够很好地对企业文化建设效果进行整体评估，可供企业参考。

坤福说

有了这些认识以后，我们就可以着手构建从企业文化视角出发、从员工角度评价、对企业整体管理环节及员工行为进行测评的企业文化效果评估体系了。在具体操作过程中，我们可以先将价值观与企业当前战略阶段结合，明确几项重点的要求，然后以此为基础，从战略、领导力、人力资源、管理、组织结构、制度与流程、员工行为等方面细化具体指标。需要注意的是，指标设置应与企业当前存在的问题和未来发展方向相结合。

评估结果加奖惩措施，实现激励效果最大化

企业花费人力、财力、物力建设企业文化测评机制，定期进行企业文化建设效果评估，目的是更好地落实企业文化落地责任，提高企业文化落地实效。只有将考评结果真正运

用到企业文化管理工作中，将之作为科学的决策依据，同时
进行相应的奖惩激励，才能使企业文化建设与落地逐步推进
和落实，才能确保企业文化与企业发展相吻合。

企业可以通过定期开展企业文化审计与测评，综合检视组织成员
在理念提升、价值标准、行为改善、制度执行等方面的情况，并据此
确定下一步的工作内容，从而始终保持企业文化建设的方向，提升企
业文化推进和落实的效果，进而使企业文化获得持续提升。

比如，通过对企业理念现状的审计，管理者可以全面了解企业成
员对理念文化的认知优势与劣势，以及理念文化的分布强度，理念认
知差距等，然后以此为依据，有针对性地进行理念宣贯效果改善。对
企业行为现状的审计，可以揭示组织行为中，哪些行为是组织战略达
成所需要的，哪些行为是约束组织战略实现的，以及产生这些行为的
根源，借此对组织行为提出规范、约束或改善的行动方案。

对企业文化理念方面的考评，可以以考试或问卷调查的形式展开。
比如，在企业文化的宣贯阶段，每期培训结束以后，可以安排一场考
试，全面检验企业人员对培训内容的理解情况，根据考试结果，对那
些普遍存在的薄弱环节进行细致研究，探寻问题的根源，判断是否为
理念、制度本身存在问题，以至于大家无法认可，还是培训师的宣讲
不力，以至于大家无法理解，无法形成统一的理念认知。如果是前一
种问题，则要对不被认可的理念加以删修，使之与企业的经营内容、
与普适性的社会价值观、与道德和法律更加统一；如果是后一种问题，
则要根据不同的培训对象，设计出更加理想的，易为不同部门、层级
的员工所接受的培训形式。当然，前一种问题只存在于企业文化初步
建立和推进阶段，以及企业面临重大变革，需要进行相应的改革时，
如果企业的文化理念与社会大环境、与企业发展现状相适应，就只需

要根据员工对企业相关理念的认知状况，有针对性地进行教育、培训和宣贯。对企业行为现状的考核测评也是如此，员工的着装行为、岗位履责状况、在团队工作中的行为表现等，是否反映企业的理念、宗旨、价值观和精神内容，是否符合企业的行为规范，这些都应该被列入考核的范畴，并根据考核结果，对企业人员的具体行为进行约束和改善。

以上是开展企业文化考评工作对企业的组织决策层起到的作用。如果要让考评的结果惠及所有的员工，带来普遍的影响力，还要将企业文化评估结果纳入绩效管理范畴，对落实企业文化比较好的组织和个人给予相应的物质或精神方面的激励，全面激发和调动员工认知和践行企业文化的积极性。

长期以来重视企业文化建设的华为总裁任正非曾表示："资源是会枯竭的，唯有文化生生不息。"不仅如此，他还看到了制度之于文化的重要性。在华为绩效管理体系中，有劳动态度考核一项，考核的主要内容为员工行为规范、责任心、敬业精神、创新精神和团队精神，考核结果与晋升、机会分配、工资、奖金等人事待遇直接挂钩。

华为的劳动态度考核其实就是对华为文化践行状况的考核，按照马斯洛的需求层次理论，将考核结果与职位晋升、工资待遇等联系起来，给予自觉遵守企业行为规范、具有高度责任感、富有敬业精神和创新精神的员工及时的奖励，同时参照"热炉法则"，对违背企业文化落实相关制度的员工给予相应的警告和惩戒，保证企业文化落实工作朝着既定方向稳步迈进。

需要注意的是，企业文化考评结果的奖惩管理应尽量标准化、制度化，并严格落实执行，这样才能实现激励效果的最大化。

很多企业管理者都意识到了奖惩管理的重要性，但在具体操作时往往十分主观、随意：员工有突出表现时，正巧碰上管理者心情好，马上得到赞扬和奖励，员工在物质上和精神上都获得极大满足；一旦碰上管理者心情不好，奖励一事可能就被丢到一边了。不仅如此，很多企业并没有详细、固定的奖励标准，奖励的形式和内容也有极大的不确定性。如果企业有重大庆典活动，顺便加上一个颁奖环节，给员工颁发奖金、奖品或荣誉证书；如果没有活动，管理者就直接从兜里掏出几百元奖金给员工。这样的奖励行为本身缺乏公平感和仪式感，无法让员工获得太大的荣誉体验，激励效果因此大打折扣。

德国著名的福克斯波罗公司所设立的企业最高奖项——金香蕉奖背后有一个动人的故事。据说，有一次，公司遇到了一个非常棘手的难题，公司总经理苦思冥想许久都没有想到解决的办法。这时候，一名员工找到他，提出了自己的建议和想法。就这样，一个长期未能解决的、关键性的技术难题被攻克了。

总经理当时非常高兴，他觉得应该奖励这名员工，但具体应该奖励什么，一时间又没有好的主意。突然，他看到茶几上有一根香蕉，于是赶忙拿起来，双手递到员工面前，充满感激地说："太感谢你了，你是好样的，你的办法解决了公司的难题，这是奖励给你的。"

员工接过香蕉，激动地回应道："谢谢总经理，请您放心，我一定会继续努力，好好工作。"

公司从这件事中受到启发，于是按照香蕉的样子用纯金打造出金香蕉奖章，用以奖励那些对公司做出重大贡献的员工。

坤福说

作为配合企业文化考评工作的奖惩行为，更需要形成系统化、规范化的制度标准，根据量化考核的结果，及时执行相应的奖惩措施，以规范员工的企业文化行为，这是确保企业文化落地的重要途径和方法。

高效 PDCA 工作术，保证企业文化落地执行

质量管理专家爱德华兹·戴明认为：一般情况下，人们在进行某项工作时，总是先提出一个设想、目标和计划，然后根据这个目标计划去实施，在具体实施计划的过程中，还要看看是否达到了原来的计划目标，以修正自己的目标或行为，直至计划目标得以实现，再提出更高层次的目标。根据这一思维模式，他总结提出了"PDCA"循环理论。

在"PDCA"循环理论中，"PDCA"是四个英文单词首字母的组合。

P 是 Plan（计划），找出存在的问题，通过分析制定改进的目标，确定达到这些目标的具体措施和方法。

D 是 Do（执行），照制订的计划要求去做，以达到相应的目标。

C 是 Check（检查），对照计划要求，检查、验证执行的效果，及时发现改进过程中的问题并总结经验。

A 是 Action（处理），把成功的经验加以肯定，制定标准、程序、制度（失败的教训也可纳入相应的标准、程序、制度），巩固成绩，克服缺点。

该理论最初是作为质量管理理论提出的，后来渐渐被推广到生产管理、服务管理等其他管理领域。在倡导用文化管理企业的今天，很多企业开始尝试将 PDCA 导入企业文化管理中。海尔集团就是这类企业的典型。张瑞敏根据 PDCA 流程创新了"OEC"管理法，要求每位员工每天对每件事进行全方位的控制和清理，极大地提高了海尔员工的工作效率。

在海尔的"OEC"管理法中，O 指 Overall（全方位）；E 指 Everyone（每个人）、Everything（每件事）、Everyday（每天）；C 指 Control（控制）、Clear（清理）。

该项管理方法包含目标体系、日清体系和激励机制三大模块。

关于目标体系，张瑞敏一方面在"斜坡球理论"中指出确立全体员工共同奋斗目标的重要性，另一方面又强调对这一共同目标进行细化分解。企业常用的目标分解形式大致有以下四种：明确每项事情的责任者、配合者、审核者等，即参与每项工作的每个细节的人；明确工作程序、见证材料、措施方法等，即工作涉及的资源的准备，采纳此种方式时，要注意保证指标的具体、可度量，要坚持"责任到人"原则，还要做到管理不漏项；按层级自上而下，层层分解；按时间段分解，可以具体到每季度、每月、每周、每日分别要实现的工作目标。海尔采用的就是时间分解法。海尔在目标细化执行过程中，还注意对目标效果实施考核，并根据考核结果进行奖惩管理，保持目标的一致性。

日清控制体系主要是强调"日事日毕，日清日高"。所谓"日事日毕"，就是当天所发生的问题，当天要查明原因、分清责任，并及时采取处理措施，避免问题堆积，保证目标进度。所谓"日清日高"，就是要对工作中的薄弱环节不断进行改善和提高，做到每天的工作都在前一天的基础上有所进步。日清体系是目标完成的基础，而日清的结果则应与企业的正负激励直接挂钩。

任何激励手段都强调公平、公正、透明，海尔的"OEC"管理激励机制也不例外。海尔员工每天在完成自己的工作任务以后，就要根据自己工作的完成情况来填写一张卡片。通过这张卡片，能够让工作目标、绩效、出现的问题、原因和责任等一目了然。海尔每天通过3E卡公布每位员工的收入情况，并提供合理的计算依据，保证员工"公平感"的获得，有利于激发出员工工作的积极性，工作表现良好的员工会因自己居于榜首而感到自豪，排名靠后的员工也会学习和借鉴优秀同事的工作经验以提升自己的工作绩效。

海尔的成功实践启示管理者，将"PDCA"循环融入企业文化的建设和管理工作中是十分必要和可行的。企业文化的建设必须经过循环、闭环的持续推进，才能逐渐成熟，才有可能转化为员工的行为，最终作用于企业的持续发展。

"PDCA"是一个大环套小环、螺旋提升的无限循环系统，不管是在企业文化的设计组织准备阶段，还是企业文化的全面宣导推广阶段，抑或最后的巩固改进提升阶段，都可引入"PDCA"循环机制，而且，每个阶段中，某个目标的实现或某项制度的执行，同样可以导入该机制。但企业文化的巩固改进和提升阶段，作为系统总结经验和全面吸取教训的阶段，是"PDCA"循环导入和实施的关键阶段，它直接关系到企业文化的落地效果，因而需要被重点关注。

那么，如何在企业文化落地阶段导入"PDCA"循环机制呢？

计划阶段：管理者应该做好调查研究，分析企业文化的现状，找出企业在建设企业文化的过程中存在的问题，看有哪些顽症、哪些细节需要关注；诊断分析这些细节是否在制度、规章中有要求，有没有执行到位。要尽可能地深入现场，做到逐个问题、逐个因素地排查，找出影响企业文化建设的主要因素，并在此基础上制订措施，提出相应的建设计划方案，并进行效果预测。在制订措施的过程中，要尽可能地与员工沟通，让员工参与其中，以利于措施和计划的贯彻执行。制订的内容包括待完善的规章制度和激励方案、岗位责任细化、工作细节的排查、部门职责的划分、工作的时间节点等。

实施阶段：主要是对计划内容进行处理和解决，进行具体化的实施。该阶段强调全员参与，包括管理者的以身作则、带头示范，以及开展各种类型的活动，充分调动员工参与企业文化建设的热情。

检查阶段：计划执行过程中，要随时进行跟踪反馈，并评估计划执行的效果。一旦执行方式和效果偏离正轨，马上进行调整，对业务流程、员工行为进行优化和规范。

处理阶段：要对监督和检查过程中出现的问题有针对性地进行处理和改进，并将检查结果与激励管理联系起来，引导员工做出有利于企业文化发展的行为。本阶段未能解决的问题，可导入下一个"PDCA"循环中进行持续改进。

坤福说

　　企业文化建设是一项长期的系统工程，需要企业上下团结一致的努力，需要通过"PDCA"不断优化和提升，才能得以落地执行，成为企业的核心竞争力，并作用于企业的持续发展。

第十三章

正确看待企业文化，当心走进误区

要建设企业文化，首先就要明确企业靠什么在社会中生存和发展，怎样吸引员工为企业服务，整个企业靠什么形成一个整体并高效地开展工作。否则，企业文化只能是不伦不类，变成累赘。因此，我们必须跨过企业文化建设的误区。

企业文化不等于表面宣传，要融入各个环节中

　　企业文化不是表面文章，不是作秀，更不是挂在外面让人看的口号。

　　2019 年 10 月，马云以 2750 亿元位居 2019 年胡润百富榜第一位蝉联中国首富。而在早些年，当马云描绘他的梦想时，许多人都觉得他是个"疯子"。事实上，许多公司也有伟大的口号或标语，贴在墙上或在大会上宣讲，我们称之为企业的梦想、追求和文化。可是为什么不是所有企业家都像马云一样获得如此巨大的成功呢？

　　我们单从企业文化的角度来说，马云这样说道："除了坚持，我们还会花时间把'阿里巴巴基本法'做出来。美国的发展，200 多年最要紧的就是一部宪法，制定了整个制度和体系，我现在花了很多的时间在我们的企业文化上。文化是一种精神，是每个人 believe（信奉）的东西。"的确，好的企业文化可以增强企业员工的凝聚力，凝聚力在，人心才不会散。在马云和阿里人看来，信奉的企业文化必须落地，必须成为每个阿里人的 DNA，也只有这样的精气神，才可以创造出奇迹。

　　其实，我们所宣讲的企业文化从 20 世纪七八十年代开始，就已渐趋于成型并发展成为一门系统的管理科学。时至今日，企业文化已经成为管理学界的热门词汇，很多企业领导者都认识到了建设企业文化的重要性和迫切性，但在具体的企业文化建设工作中却普遍存在对企业文化的理解性偏差，如把企业文化等同于标语、口号，把企业文化建设工作仅仅理解为宣传工作等。

　　许多企业领导者绞尽脑汁、引经据典地寻求那些响亮的标语口号，

甚至不惜花费重金聘请专家或咨询公司来进行设计，将这些标语、口号贴在公司显眼的位置或打印成册交给员工。诸如"拼搏创新""实事求是""以人为本""厚德载物""效率第一""顾客就是上帝"，等等，可谓形形色色，五花八门。

通过一些有力的标语、口号来提醒和激励员工奋发向上、积极工作固然是好事，但简单地把标语、口号等同于企业文化，把企业文化建设工作停留在宣传层面，未免过于狭隘和形式化了。

企业文化不能只看外表，而要看内在。作为一种价值观，除非内化为思想和行为，否则，它就会永远停留在口号阶段。有什么样的企业文化的"内在"，就必然相应地有什么样的企业文化的"外在"。

我们来看看学术界给企业文化下的定义。

"企业文化是企业在生产经营实践中逐步形成的，为全体员工所认同并遵守的、带有本组织特点的使命、愿景、宗旨、精神、价值观和经营理念，以及这些理念在生产经营实践、管理制度、员工行为方式与企业对外形象的体现的总和。"

单凭这个概念就能说明，企业文化绝不是几句简简单单的标语、口号就能概括的，企业文化建设应该是一个系统、动态化的大工程。

首先，每个企业都有各自的生产经营实践过程，有自己的愿景、使命和价值观，加上管理者各自的管理风格，如果只有浮于表面的标语、口号，无法囊括和精准提炼企业文化的精髓，也就做不到与其他企业有效区分。再者，这些口号也未必能够得到员工的理解和一致认同，也不见得都有与之配套的管理制度来规范执行。

其次，每个企业都不可避免地要经历"产生—发展—繁荣—衰退"这一变化过程，企业文化难免因时因势而变。随着企业的发展，愿景和使命会升华，管理者的经营理念一样可能发生改变，即便价值观相对固定，在其内涵阐释上也会有所不同。

再次，企业文化不能只做浮于表面的宣传，只有将其融入企业各个管理环节与管理机制中，得到员工的理解和认可，进而形成主动遵守的意识和行为习惯，指导员工的生产活动，才能形成企业的核心竞争力。

> **坤福说**
>
> 企业文化不是表面文章，更不是装点门面的摆设，而是每个成功企业必须具有的理念。它在市场大潮中发挥着无可替代的作用，是企业的核心竞争力。

企业文化不是领导者文化，而是全员的共同价值观

企业文化不是一场管理秀，只有对内获得员工的认同，对外获得广大消费者的认可，才能真正发挥作用。而要在企业、员工、消费者三者之间达成一致共识，需要彼此间的平等和尊重。

很多企业领导层普遍存在这样一个误区：将企业文化等同于领导者文化。

我们不否认企业领导者特别是企业创始人对于企业文化所起到的决定性作用。需要指出的是，这种决定性作用体现在企业文化建设的过程中，而不是企业文化本身。在企业初创阶段，企业的一切价值判

断、对环境的认识和反应、为了生存而做出的选择……所有这些工作都需要领导者承担，领导者的价值选择通过其身体力行的引导示范，直接转化为企业的价值取向。在这一阶段，将企业文化等同于领导者文化是有一定道理的。

随着企业的进一步发展壮大，承担责任不再是领导者个人的事，管理团队和员工都需要承担相应的责任，企业的价值判断也要通过管理团队和员工的行为选择来体现。如果这时候还是仅凭领导者的"一言堂"或部分管理高层的主观意愿来进行价值判断，员工将很难对此达成认同。

综观那些极具影响力的成功企业的文化，或许它们的经营条件、发展历程千差万别，但在一点上是相通的：它们的企业文化是整个组织群体的行为共识而非创业者或任何一位领导者的独裁理念。这些企业一致认为，只有将员工真正看成企业的成员，给予他们基本的尊重和平等参与的机会，他们才会对企业产生认同。

在海底捞，副总经理、财务总监和大区经理有 100 万元以下开支的签字权，大宗采购部部长、工程部部长和小区经理有 30 万元的审批权，店长则有 3 万元以下的签字权。即便是海底捞的一线员工，也有着比同行大得多的权力——免单权。只要他们认为有必要，便可以给顾客免费送菜，甚至免掉一餐的费用。例如，在遇到顾客生日时，员工可以自行决定给顾客开设雅间，赠送果盘，给顾客一定的价格折扣。而且只要顾客高兴，员工甚至可以暂时离开自己的岗位，与顾客一起庆祝。

海底捞让每一位员工都拥有不同程度的决策权，这种授权行为，不仅表达了对员工的信任和尊重，还让员工获得了平等参与的机会。在授权机制的牵引下，员工对企业形成了一致认同，提升了工作积极性。同时，因为一线员工也拥有一定的权力，能够为顾客提供更加及时和周到的服务，这又提升了企业在客户心目中的形象。

佛教文化中有关于平等问题的探讨，既然众生平等，身为同类的人与人之间，也应该是平等的。即使身为领导者，身为管理者，一样应该尊重员工，给予员工平等参与的权利，在参与中迅速达成共识。

企业文化伴随着企业的发展而呈现渐进式发展趋势，在这一过程中，管理者对于企业文化的认知也会从忽视逐渐转向重视，从人工制品层面转向外显价值层面乃至隐性基本价值层面。

在企业文化建设和落地过程中，管理者主要是通过其职务影响力和示范带头作用引发员工群体的态度重视和行为模仿。管理者尤其是高层管理者的个人思想、管理风格、个性特征、行为表率等都会直接影响员工对于企业核心价值观的理解和认同，进而影响企业文化的实践、贯彻和执行效果。

管理者一旦对企业文化产生信仰，其职务使命必然会使其热衷于通过企业文化来提升组织管理，进而开始主动传播和宣讲企业文化，从自己信服到主动教育和影响员工信服，从自己主动实践到要求员工实践。

由企业核心价值观统领的企业理念文化绝非企业创始人或某位核心领导者的个人理念，而是在创始人和主要领导者的引领下形成的企业全员的价值观共识。企业价值观所体现出来的企业核心思想，是企业全体员工所共有的、对企业的长期生存与发展起着重要作用的价值观和方法论体系。企业核心思想投射到员工身上，成为员工的价值标准，这种价值准则以潜意识的形式影响着每一个员工的行为，并内在地影响着生产经营过程中的每一个环节和方面，使企业全体成员在经营哲学和价值观念领域形成高度统一的思维模式，并在这种思维模式的引领下产生一致的行为。

企业文化不能"山寨"，依样画葫芦必然会失败

　　如今，"山寨"现象日趋增多，一些人甚至将"山寨"当作一种文化现象来研究。于是，就有了这样一个命题：既然有山寨企业，就可以有山寨文化。于是，许多企业照猫画虎地做样子，似乎这样一来企业就真有了文化内涵。

　　企业文化是一个企业的灵魂、精髓和基因，是一个企业区别于其他企业的最根本的内核。山寨是什么？是模仿，是抄袭，是伪造。"山寨企业文化"要么是伪文化，要么是徒有其表的抄来的文化，用这样的赝品来做企业的精神指引，会将企业引向何方？后果可想而知。假的永远是假的，仿造只能仿得形似，却不能得其精髓。

　　企业文化是企业的"神"，所以，企业文化不能走山寨之路。试

想，一个企业没有自己的文化，直接剽窃别人的文化，那么企业要么是一盘散沙，要么就是徒有其表，这样的企业文化有价值吗？这样的企业文化有建设的必要吗？

企业文化可以学习，但不能抄袭；可以借鉴，但不能剽窃。学习是一种主动的、有创造性的行为；而抄袭则是一种被动的、不加思考的盲从表现。山寨正是以抄袭、复制为最主要特征。对企业文化而言，山寨化是一种危险的倾向，它将使企业停止思考，缺乏创新，进而丧失生命力。

比如，海尔的产品行销全球，海尔的员工来自世界各地。是什么让海尔创造出一个个骄人业绩？是什么把不同地域、不同民族的数万名海尔员工聚集在蓝色的海尔旗下，忘我工作，协力进取？正是海尔独特的企业文化。

海尔的企业文化虽然好，但其他企业不能完全照搬。这是因为，文化不是创意与策划，而是固化的制度与行为，只能通过制度与行为才能体现其力量。所以，企业在学习、借鉴海尔的企业文化时，应用其神而不用其形。

世界上本没有常胜将军，更不会有常胜法则。用一句话概括就是："成功的企业都是一样的，不成功的企业却各有各的缺陷。"参照"卓越公司"，墨守"卓越法则"，充其量只能算是机械地照搬。殊不知，当危机降临时，往往伴随着企业外部环境的剧烈动荡，墨守"卓越法则"是毫无意义的。

企业文化建设本无定法。不同企业有不同的经营历史，有不同的价值观念、管理方式，也有不同的风尚、习惯。因此，没有一种标准的、通用的企业文化建设方法。如果完全复制成功企业的文化，必然会以失败告终。

苏轼有一首《琴诗》："若言琴上有琴声，放在匣中何不鸣？若言声在指头上，何不于君指上听？"企业文化就是这样的琴声，临摹者画了个手指，没有得到企业文化的"琴声"；画了个琴弦，同样也得不到企业文化的神韵。企业也许可以今天模仿这个、明天模仿那个，延续自己的寿命，但永远不会知道自己是谁。

坤福说

山寨版的文化，是抄来的文化，就像完全没经过配型的移植，弄不好就会发生排异反应，轻则伤残，重则毙命。这并非耸人听闻。

企业文化不是文体活动，而是要提升企业"软实力"

企业文化不是文体活动，也不同于文化产品。有的企业认为，搞好企业员工的文化生活，排节目、跳舞、唱卡拉OK、组织联欢会和体育比赛，就是企业文化。其实，这是不正确的，有这种想法是对企业文化认识不深刻造成的。

有一次，某公司的王总到一家企业去谈生意，刚好晚上企业有活动。老板便说："王总，今晚请你看看我们的企业文化。"原来，在员工吃饭后，这位老板为员工安排了一段活动时间，在职工食堂进行文艺活动。

吃过晚饭之后，看着餐厅里黑压压的人群，王总有点哑然了——的确是很有"特色"的企业文化！

据说，不久之后，这位老板又将集体跳绳改为"企业文化"了。

企业文化是一种内蕴的气质，是一种能在异议中汲取精华，促使自身进一步发展的精神与意识的氛围，更是一种深入人心的生活与工作的态度与作风。

文体活动只是企业文化中的部分内容，但不是主要内容，不能以偏概全。用文体活动一味地取悦员工，而忽视了企业文化建设的真实意义，这就无法提升企业的管理效率，无法提升企业核心竞争力。

某商场每天早上都组织员工在门前的空地上又是唱又是跳，每天都要折腾一两个小时。甚至有时还会花数十万元，聘请歌手。这似乎是为了提高员工素质或使员工亢奋起来，扩大企业的影响力。商场的办公室墙上虽然贴着"向上、团结、奋斗、拼搏"等字幅，但员工一直也没有搞清楚要怎么团结，团结起来要跟谁拼、怎么拼。

企业文化不是浅层次的文体活动。文体活动只是企业文化的外显部分，企业文化的"庐山真面目"绝非如此。只把表层的、外在的形式表现出来而未表现出内在的价值与理念，这样的企业文化是没有意义的，也是难以持续的，对企业的发展无法产生深远的影响。

有的企业把企业形象推广看成开展企业文化建设的唯一活动，这就会导致企业只热衷于组织各种体现外在的社会活动。但是，这类活动对推进企业文化建设的作用是十分有限的。实际上，企业文化是一种生产关系，是渗透在企业员工的生活之中的一种理念。

虽然企业文化建设不强调以一种不合理的蛮力推动，但并不代表企业放弃以对员工约束的方式推动企业文化的发展。企业文化与管理要紧密结合，必须能真正解决问题，能真正指导员工，能积极改变企业绩效，能让员工看到企业美好的愿景与希望。企业必须保证所倡导的、所提出的企业文化理念是美好而务实的，是可以达到有效的激励与约束的作用的。

所以，企业文化建设必须以科学、有效的方式进行，积极提升企业管理效率，改进员工绩效，确保企业文化"落地生根"。仅仅依靠文体活动来抓企业文化建设的做法是片面的，它只能使企业文化建设的范畴越来越小，最终削弱企业文化应有的作用。

坤福说

企业文化建设就是企业的"软实力"建设，只有准确理解企业文化建设内涵，企业才能真正提升"软实力"，才能真正赢得市场、获得效益，这样的企业文化才有意义。

企业文化不是一个"筐"，切忌什么都往里面装

一颗优质的钻石，一定是由多个璀璨的切面构成；一个企业文化建设富有成效的企业，其成就也一定是多方面的。然而，有不少企业的企业文化却处于凌乱、无序的状态，这就无法真正发挥企业文化的引领和导航作用，也无法真正形

成企业的核心竞争力。企业文化不是一个"筐"，不是什么都能往里装。不管是经济还是政治，不管是生产还是销售，如果一律都装到企业文化这个"筐"里去，使企业文化背上沉重的负担，就必定会使人望而生畏。

许多企业在设计企业文化宣言的时候什么都有，仅企业的宣传口号就开列了几十条，这样堆砌起来的内容只能变成文字垃圾。不要说企业的员工们能记住两三条就不错了，恐怕连主管企业文化工作的领导者本人也背不下来，根本想不起自己曾经写过些什么。

对于任何企业来说，企业文化都是一个系统工程，是多层次、多方面的，并且有内在的逻辑结构。如果没有清晰的部署，最好不要开展企业文化建设。否则只能是白白浪费精力，因为根本没有搞清楚如何从企业上下提炼出真正的企业文化。如果一个企业的企业文化已经演变成为一个非常严重、复杂的问题堆了，那么，最好重新思考企业文化的走向，重新赋予企业文化全新的思想能量。

企业文化可以分为两层。外面那一层叫周边文化，又叫一般文化，比如我们大家常讲的服务、微笑、诚信、以人为本，这些就是周边文化。由于这些理念谁都可以讲、都在讲，这种文化只能叫一般文化，而不是特殊文化。对于一个企业来说，企业更应注重的是里面的那一层文化——核心文化，又叫主力文化。而且，这种特定的文化一定要和企业的产品、企业的行业特性有直接的关系。

比如，有一家媒体向来讲话比较大胆，比较直率，那么，这家媒体的核心文化就是"不讲假话，追求事实，追求真相"。因此，这家媒体就把核心文化定义为两句话。第一句话是："我有勇气说真话。"第二句话是："我有那个道德不说假话。"这两句话说明了"不说假话、追求事实、追求真相"就是他们的核心文化。

坤福说

垃圾桶式的企业文化绝对不是好东西,这样的文化"繁荣"就意味着企业的发展要出问题,因为太多的人会被不同的文化思想所分割,这些思想改变了人们做事情的思维习惯,这种文化反而变成了企业发展中的一种严重障碍、一种累赘、一种使企业前进失去平衡的破坏力。

企业文化不是职场文化,而是二者的巧妙结合

每一个企业都有自己独特的风格,不同的环境造就不同的职场文化。因此,有的人就把职场文化与企业文化混为一谈,这是错误的。

在职场文化中,有一种"狼"文化精神,于是,有的人就开始崇拜"狼"这种职场文化,并以此作为企业文化。其实,将"狼"文化作为企业文化也无可厚非,希望自己的企业员工都具有狼一样的精神,但是,不能忘记狼既具有团结、互助、合作的一面,也具有残酷、无情、独断专行的一面。

"狼"文化其实是在市场的激烈竞争下产生的,但如果企业只是一味强调企业员工应该像"狼"一样,而忽略了"狼"同时也是残忍的,也是讲究家族之分的,那么,当企业内部人员产生分歧或资源紧张时,那头饥饿的狼也会毫不犹豫地向狼群中的同伴发起攻击,把老

弱病残的狼吃掉。这种残酷无情、你死我活的文化如果在企业内流行起来，后果可想而知。而这样的企业文化也是难以长久的，只能作为特定的某一时期的过渡文化。

由于狼的残酷无情和无视人性，就有企业倡导"羊"文化，因为羊是温情、家族意识强烈的动物，于是便想通过"羊"的特征来倡导企业内的成员要有"家"文化意识，使得员工对企业有种归属感，对同事有种包容与关怀的"家人"般的情感，同时对自身的工作有种自发的使命感与责任感。"羊"文化引导的就是一种"四为"思想，即"公司为家""工作为生活""同事为家人""老板为长辈"。这种文化在一定程度上促进了企业的凝聚力与抗风险能力，提高了员工的积极性与责任感，避免了很多因为内耗而给企业发展造成的障碍。

但是，与"狼"文化一样，如果以"羊"文化这种职场文化来打造企业文化，也会带来一系列新的问题。试想一下，如果企业里面都是"羊"，彼此没有竞争，没有严格的管理，那么，这样的企业又怎么具有竞争力呢？企业很可能就会陷入"温水煮青蛙"的险境，从而失去发展与变革的动力。

无论是崇拜"狼"还是"羊"，其职场文化只能作为职场文化，这种脱离了人正常的生活轨道的文化不能作为企业文化来倡导。所以，企业文化不能等同于职场文化。职场文化在一定程度上会受企业文化的影响，但同时它又极易受到社会、经济、环境因素的影响。因此，企业文化与职场文化既具有一定的共性，又有其自身的独立性。

职场文化不像企业文化一样具有历史传承，它不是企业历史传承下来的经营理念或特性，而是极易受社会环境影响的一种文化。所以，职场文化会受到人员流动以及社会文化发展等因素的影响，从而发生变化。比较而言，企业文化受这些因素的影响小，企业文化更多的是精神层面的，更像是一种信仰，让人坚定不移。

坤福说

　　企业文化越来越被企业家重视是一件好事，但不能把企业文化等同于职场文化，而应把企业文化与职场文化进行巧妙的结合。只有这样，才能既增强竞争力，又对企业发展具有导向作用。

企业文化不能朝令夕改，对文化理念要恒久追求

　　人们常说："一切都在变，世界上唯一不变的是变化本身。"但是，企业文化不能朝令夕改。

　　对于企业文化，变是绝对的，但不变是相对的，企业文化应随需而变。这就好比一个池塘，有人说方的好，有人说圆的好，于是就不断地改来改去。但是，这个挖池塘的人不能忘了挖池塘究竟是要干什么，是养鱼还是养虾，所养物种需要什么样的水才是关键。

　　很久以前，有父子两个人赶驴去集市上买年货。起初，是父亲骑驴，儿子牵着驴在前面走。路上看见的人说："这个父亲真狠心呀！一个大老爷们骑驴，让儿子牵着驴走。"听了这话，于是父亲下来，让儿子骑上去。

　　可是，没走多远，又听有人在路边议论说："这儿子太不孝顺了。怎么能自己骑驴，让自己的父亲在地上牵着驴走

呢?"听了这话，于是，父子俩索性都不骑了，下来走路。

这时，还是有人说："这父子二人也够愚蠢的，放着现成的很壮实的驴不骑，自己步行，等走到集上，人早就散了!"既然一个人骑驴一个人步行，骑驴的总被别人说，干脆父子俩都骑上驴了。

就这样，父子俩便兴高采烈地都骑到了驴背上。谁知，没走多远，就有一个老人说："你们真不懂得爱惜牲畜，爷儿俩都骑着驴，看把那毛驴都累成什么样了? 以后还想再叫它帮你们拉磨拉犁耕地吗?"父子俩慌忙从驴背上跳下来一看，驴子果然大汗淋漓。他们心疼得不得了。

这可怎么办呢? 父子俩愁坏了：一个人骑不行，两个人都不骑不行，两个人都骑也不行，怎么办呢? 想啊想啊，父子俩便决定抬着驴走，于是找了根棍子，把毛驴放倒捆上，一前一后地抬了起来。

这个故事说明，一个人要想干成一番事业，心里就必须有主见，要始终不能忘记自己的目标是什么。人是这样，企业也是一样，如果其价值理念总是不稳定，那就什么事也干不成了。

众所周知，企业文化的理念体系通常可分为两个层次：核心理念与应用理念。核心理念即企业的核心价值观和共同愿景，是指导企业成长的基本哲学和灵魂。应用理念是在核心理念基础上延伸出来的，在各个业务领域的运用和表现，如市场理念、人才理念、服务理念等。

核心理念决定了一个企业精神层面的基本基因，决定了一个企业的社会属性和团队个性，它应该是固定的、稳态的、持续的。如果随意地变化，就会破坏企业的社会认知和团队认同，更不能"一朝君子一朝臣"，随着领导层人选的变化而变化。

一个领导一个思想，随着领导层的更迭，企业的文化理念也可能会随之变化。有时，领导层调整频繁，企业文化理念、工作思路也如走马灯似变幻无常。企业文化理念的朝令夕改，对企业文化建设与管理影响极大，这种没有长期规划的企业文化难以形成持续的积淀，企业员工和中层管理者也会深受其累，变得无所适从。因此，企业也必定看不到成就，更不要说有竞争力了。

企业文化核心理念的稳定和持续，是企业文化影响力巩固的必要条件。企业只要认准方向，就要坚定不移地把既定的思想方针践行到位，这样才能使企业文化理念更具历史性、传承性，才能使企业更有持久力。

坤福说

要想让企业文化的生命力旺盛，让企业文化成为团队的灵魂，就要保持对企业文化理念的恒久追求，不能过分看重形式。只有这样，才能对企业文化建设做出切实的努力和推进，可谓"功莫大焉"！